개정판 넌 네가 얼마나
행복한 아이인지 아니?

개정판 넌 네가 얼마나 행복한 아이인지 아니?

1판 1쇄 발행 2014년 6월 23일
1판 12쇄 발행 2025년 4월 15일

조정연 글 | 이경석 그림 | 이명일 기획

발행처 | 와이즈만 BOOKs
발행인 | 염만숙
출판사업본부장 | 김현정
편집 | 김예지 양다운 이지웅
디자인 | 이재경
마케팅 | 강윤현 백미영 장하라

출판등록 | 1998년 7월 23일 제1998-000170
제조국 | 대한민국
사용 연령 | 8세 이상
주소 | 서울특별시 서초구 남부순환로 2219 나노빌딩 5층
전화 | 마케팅 02-2033-8987 편집 02-2033-8983
팩스 | 02-3474-1411
전자우편 | books@askwhy.co.kr
홈페이지 | mindalive.co.kr

저작권자 ⓒ 2014 조정연
이 책의 저작권은 조정연에게 있습니다.
저자와 출판사의 허락 없이 내용의 일부를 인용하거나 발췌하는 것을 금합니다.

잘못된 책은 구입처에서 바꿔드립니다.

*와이즈만 BOOKs는 (주)창의와탐구의 출판 브랜드입니다.

여행작가 조정연이 들려주는 제3세계 친구들 이야기

개정판

넌 네가 얼마나
행복한 아이인지 아니?

조정연 글 | 이경석 그림

와이즈만 BOOKs

추천사

"넌 네가 얼마나 행복한 아이인지 아니?"라는 질문은 우리나라 어린이와 청소년들에게 지구촌 어린이가 겪는 참상을 알게 하고, 이 참상에 어떻게 응답하겠느냐는 질문입니다. 또 아프리카, 동남아, 중동 등의 가난한 나라에서 고통받는 어린이들의 권리를 대변하는 질문일 수도 있습니다. 이 책을 읽는 어린이, 청소년 그리고 부모님들에게 양심적인 답변을 요구하고 있습니다.

이 책은 아프리카, 중동, 동남아 등에서 인간 이하의 학대를 받고 있는 어린이들 중 아홉 명의 어린이가 겪는 처참한 실화를 소개하고 있습니다. 지금도 세계 곳곳에서 어린이들이 단돈 10만 원에 인신매매의 대상이 되고, 유괴 납치되어 외국으로 팔려가 강제 노동과 성매매의 희생자로 전락하고 있습니다. 아직도 지구촌의 54개국에서는 어린이들이 강제로 붙잡혀 소년병이 되고 어른들의 싸움터에서 총알받이가 되기를 강요당하고 있습니다.

누가 이 불쌍한 어린이들을 유괴하고 납치하여 인신매매를 합니까? 누가 이들을 목화밭에서, 코코아 농장에서, 쓰레기 더미에서, 마약 시장에서, 길거리에서 비참하게 살게 합니까? 누가 이들을 매질하고 굶기며, 마약과 총부리의 위협 속에서 아동 노동의 대상, 전쟁의 희생물, 착취의 대상으로 만들고 있습니까? 이 아이들의 안타까운 이야기를 읽노라면 너무나 가슴이 아픕니다.

"넌 네가 얼마나 행복한 아이인지 아니?"라는 질문에는 행복하게 살고 있는 한국의 어린이들에게 다음과 같은 부탁이 담겨 있습니다. "행복한 너희들이 세상을 바르게 고쳐 주고, 우리가 스스로 도울 수 있는 어른이 될 때까지 우리를 좀 도와줄 수 없겠니?" 이런 부탁을 느낄 줄 아는 어린이들은 책임 있는 지구촌의 시민이 될 수 있을 것입니다.

　불쌍한 지구촌의 어린이를 돕고 싶다면, 먼저 어린이 스스로 자신의 생명이 온 천하에서 가장 귀하다는 가치관을 가져야 합니다. 그 다음, 지구촌 다른 어린이들의 생명을 지켜줄 수 있는 실력을 키우십시오. 셋째로 어른이 될 때까지 기다리지 않아도, 지금 여러분도 구호의 손길을 내밀 수 있습니다.

　이 책에서 소개된 불우한 어린이를 돕는 많은 비정부기구(NGO) 단체들은 지금도 활발하게 구호 활동을 펼치고 있습니다. 그중에서 제가 회장으로 일하는 한국월드비전은 이 책에서 소개된 케냐, 시에라리온, 우즈베키스탄, 파키스탄, 방글라데시, 인도, 캄보디아 등 20여 개의 가난한 나라에서 불쌍한 어린이들을 돕고 있습니다.

　특히 한국월드비전에서 매년 실시하는 〈기아체험 24시간〉은 세상의 모든 어린이들이 다같이 살기 좋은 세상을 만들기 위해 힘쓰는 한국 어린이들의 자랑스러운 행사입니다. 대한민국은 이제 이 지구촌에 우뚝 서 있는 위대한 나라이며 위대한 나라의 어린이들은 지구촌의 가난과 질병에 시달리는 어린이들을 끌어안을 수 있는 큰 비전과 큰 사명을 가져야 할 것입니다.

　세계 어린이들이 울부짖는 소리, "넌 네가 얼마나 행복한 아이인지 아니?"라는 질문을 가슴 깊숙이 새겨듣고, 그들의 아픔을 느끼고 같이 나누는 지구촌의 시민이 되길 바랍니다.

월드비전 회장 박종삼 박사

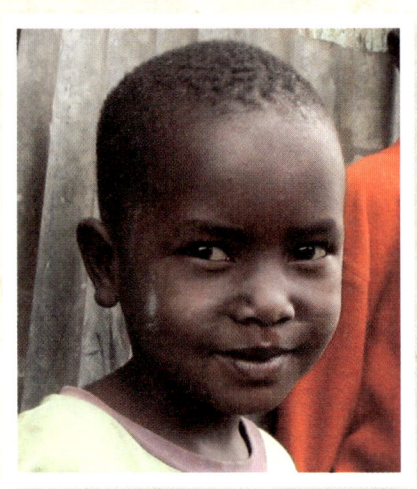

읽기 전에

제가 이 책을 출간한 지 벌써 8년이라는 시간이 흘렀습니다. 그동안 많은 친구들이 이 책을 읽고 친구들의 아픔을 함께 나누고 힘을 주기 위해 많은 노력을 해온 것을 알게 되었습니다. 그 결과 우리의 작은 노력이 서서히 기적 같은 변화를 만들어 냈습니다.

불법으로 팔려와 위험한 낙타를 몰던 아이들은 모두 부모의 품으로 돌아갔습니다. 우리의 친구들을 전쟁터로 내몰았던 찰스 테일러 전 라이베리아 대통령은 2013년 9월 네덜란드 헤이그에 있는 시에라리온 특별 법정 재판부에서 징역 50년을 선고 받았습니다. 나이 어린 학생에게 책 대신 목화 자루를 쥐어 줬던 우즈베키스탄 정부는 국제 사회의 압력을 받아 9살 이하 어린이들을 목화밭에 동원하는 것을 그만두었습니다. 대신 15살 이상 청소년과 어른들이 더 많은 일을 해야 했습니다.

세상이 서서히 변해가고 있지만, 불합리한 일들은 여전히 우리를 아프게 합니다. 한 순간에 세상을 완전히 바꿀 수는 없습니다. 하지만 우리가 친구들에게 끊임없는 관심과 사랑을 보여 준다면, 세상은 조금씩 아름다워지리라 믿습니다. 알스하드가 부모님 곁으로 돌아간 것처럼요. 관심과 사랑의 수단이 반드시 금전적인 도움에 국한되지는 않습니다. 작은 모자를 떠서 머나 먼 곳에서 추위에 떨고 있는 신생아의 생명을 지켜줄 수도 있으며, 정성을 담은 응원의 편지는 살아갈 희망의 끈이 될 수도 있습니다. 또 공정무역 초콜릿을 구입함으로써, 친구들이 카카오 농장에서 벗어나 학교로 돌아가는 데 도움을 줄 수도 있습니다. 언제 또 다시 개정판을 내게 될지는 모르겠습니다. 다음 번에는 전 세계 모든 나라의 친구들이 함께 웃는 모습을 책에 담아 여러분들에게 기분 좋게 내놓을 수 있는 날이 왔으면 하고 기도해 봅니다.

지은이 조정연

차례

1. 현대판 하녀 아미나타 10

2. 낙타몰이꾼 알스하드 36

3. 팔려가는 소녀들 62

4. 쓰레기 더미 위에 피어난 꽃, 소피아 80

5. 검은 연기에 갇힌 라타 98

6. 달의 여신 찬드라 .... 110

7. 소년병 피바람 134

8. 목화 따는 아이들 168

9. 초콜릿의 쓰디쓴 비밀 186

◆ UN 아동권리협약에 나타난 아동의 권리

가봉

위치 _ 아프리카 서부 해안
인구 _ 148만 명 (2008년 추계)
수도 _ 리브르빌 (Libreville)
언어 _ 프랑스 어
민족 구성 _ 반투계 (팡 족, 바코다 족, 바푸누 족, 베테케 족 등) 40여 부족, 프랑스 인
종교 _ 천주교 40%, 기독교 15%, 이슬람교, 토속 신앙

1472년 처음 이 땅에 도착한 포르투갈 인이 가방(모자 달린 망토)과 비슷하다고 하여 '가봉'이라고 부르기 시작했으며, 17세기 노예 무역이 활발하게 이루어진 곳이라고 합니다. 1839년 프랑스 보호령이 되었고 1889년부터 1904년까지 프랑스령 콩고의 일부였다가 그 뒤 프랑스령 적도 아프리카의 일부가 되었습니다. 가봉이 독립한 것은 1960년입니다. 가봉 국민들은 시간 개념이 없어 생활이나 일처리가 매우 느슨합니다.

　각 부족들마다 자신들만의 부족 의식이 있으며 언어도 달라 다른 부족끼리는 의사소통도 되지 않습니다.

현대판 하녀
아미나타의 이야기

현대판 하녀 아미나타

아미나타의 하루는 새벽 5시에 시작됩니다. 동도 트기 전인 어슴푸레한 새벽에, 등잔불조차 없는 어두컴컴한 방 안에서 주섬주섬 옷을 챙겨 입고 밖으로 나갑니다. 제일 먼저 해야 하는 일은 식구들이 세수를 하고, 이를 닦을 수 있도록 물을 길어오는 것입니다. 수도 시설이 잘 되어 있지 않은 이곳에서는 우물에서 물을 길어다 써야 합니다. 우물은 집에서 2km 떨어진 마을 어귀에 있습니다. 아직 어두운 새벽이지만 아미나타는 능숙한 솜씨로 물동이를 이고 우물로 향합니다.

우물에서 물을 길어오고 나면, 그 다음에는 아침을 차려야 합니다. 아미나타가 살고 있는 '가봉'은 서아프리카에 위치해 있습니다. 이곳에서는 옥수수 가루로 둥글넓적하게 빵을 만들어 먹습니다. 밥과 김치를 주식으로 먹는 우리와는 많이 다른 밥상을 차립니다. 길어온 물에 옥수수 가루를 잘 개어 반죽해 화덕에 넣으면, 금세 따끈따끈한 옥수수빵이 만들어집니다. 빵만 먹을 수 없으므로 우유도 준비해야 합니다. 우유는 집 뒤편 헛간에 매어 둔 염소에게서 얻습니다. 플라스틱 통을 들고 가서 염소젖을 짭니다. 갓 짠 염소젖은 따뜻해서 아주 맛이 좋습니다. 소에서 나오는 우유보다 훨씬 고소하고 영양가도 풍부하다고 합니다. 염소젖으로 만든 버터와 치즈도 굉장히 맛있습니다.

자, 이제 7시 반입니다. 모두 둘러 앉아 아침을 먹고 학교에 가야하는 시간입니다. 아미나타가 새벽부터 열심히 차린 아침상에 식구들이 모여 앉습니다. 모두 맛있게 먹습니다. 그러나 정작 수고한 아미나타의 자리는 없습니다. 아미나타는 이 집 식구가 아니라 하녀이기 때문입니다.

아미나타는 주인댁 식구들이 먹는 것을 멍하니 바라보고 있을 뿐입니다. 식구들은 참 맛나게 먹습니다. 아침부터 일어나 움직이느라고 배가 고픈 아미나타는 식구들의 입만 눈에 들어옵니다. 군침이 돕니다. 라쥬 아주머니가 버럭 소리를 지릅니다.

"뭘 보고 서 있는 거야? 어서 가서 옷을 다리지 않고!"

아폴리라이네는 라쥬 아주머니의 딸입니다. 아미나타와 나이가 같습니다. 아주머니는 아폴리라이네가 학교에 입고 갈 옷을 다리라고 호통을 치고 있는 것입니다. 아폴리라이네도 옥수수 빵을 오물거리며 한 마디 거듭니다.

"난 오늘 파란색 원피스를 입고 갈 거야. 파란색 원피스를 다려줘."

아미나타는 아폴리라이네가 아침을 먹는 동안 묵묵히 원피스를 다립니다. 파랗고 예쁜 옷입니다. 라쥬 아주머니의 낡은 옷을 어설프게 고쳐 입은 아미나타의 구멍 나고 해진 원피스에 비하면 공주옷을 보는 것 같습니다. 아미나타는 아폴리라이네의 책가방도 챙겨 주어야 합니다. 공책을 챙기고, 연필을 깎아서 가지런히 가방에 담아 줍니다.

아침을 다 먹은 아폴리라이네가 가방을 낚아채서 폴짝폴짝 학교로 뛰어갑니다. 학교에 가는 아폴리라이네가 마냥 부러운 아미나타는 물

아미나타는 집이 그립습니다. 집에만 갈 수 있다면 배가 고픈 것도 학교에 가지 못하는 것도 다 참을 수 있을 것 같습니다.

꾸러미 아폴리라이네의 뒷모습을 바라보고 서 있습니다.

　식구들이 남긴 음식으로 주린 배를 채우고, 설거지를 합니다. 설거지가 끝나면 집 안 청소와 빨래가 아미나타를 기다리고 있습니다. 구석구석 깨끗이 쓸고 닦아야 합니다. 어설프게 청소를 했다가는 깔끔 떠는 라쥬 아주머니에게 혼쭐이 납니다. 빨래는 마을의 공동 빨래터에 가서 해야 합니다. 이곳은 늘 물이 부족하기 때문입니다. 공동 빨래터는 새벽에 물을 길어온 우물가 근처에 있습니다. 바구니에 하나 가득 빨랫감을 담은 채 터덜터덜 또다시 2Km를 걸어가야 합니다.

　청소와 빨래를 다 마쳤다 해도, 하루 일과가 끝난 것은 아닙니다. 아미나타가 가장 싫어하고 두려워하는 일이 남아 있습니다. 우물에서 물을 길어다 작은 플라스틱 병이나 비닐봉지에 채워 넣고, 커다란 대야에 차곡차곡 담습니다. 장사를 하러 나갈 시간이 된 것입니다.

　아미나타의 목적지는 리브르빌입니다. 리브르빌은 가봉의 수도로 사람과 차가 아주 많습니다. 리브르빌은 10Km나 떨어진 아주 먼 곳입니다. 아미나타는 그렇게 먼 거리를 맨발로 걸어가야 합니다. 하루에 왕복 20Km를 걸어야 합니다. 그것도 머리에 물이 잔뜩 든 10Kg이나 나가는 커다란 대야를 머리에 이고서……. 대도시 리브르빌로 물을 팔러 가는 것입니다.

　파는 물건은 매일매일 다릅니다. 오늘은 물을 팔러 가지만, 어제는 과일을 팔았습니다. 케이크나 빵을 파는 아이들도 있습니다. 리브르빌 거리에서는 아미나타처럼 대야에 팔 물건을 가득 담은 채 사람들 사이를 돌아다니며 장사를 하는 아이들을 쉽게 만날 수 있습니다. 워낙 많은 아이들이 거리에서 장사를 하고 있기 때문에 누구 하나 이 아이들을 동정의 눈길로 바라보는 사람이 없습니다. 거리 풍경의 일부분이 되어 버린 것입니다.

　오늘은 영 운이 없는 날인가 봅니다. 사람들이 물을 잘 사지 않았습니다. 물이 잘 팔리는 버스 정류장이나 영화관 앞에서 열심히 장사를 했는데도 벌이가 별로 좋지 않습니다. 큰일입니다. 해는 점점 기우는데

아직도 대야에는 가져온 물봉지가 반이나 남아 있습니다. 집에 돌아가려면 어린 아미나타의 걸음으로는 두 시간이 넘게 걸립니다. 너무 늦지 않게 돌아가야 식구들의 저녁상을 차릴 수 있습니다. 저녁을 차리기 위해서라도 돌아갈 시간이 되어 집으로 향하는 아미나타의 발걸음은 쇳덩이라도 매단 듯 무겁기만 합니다. 오늘 벌어야 할 돈을 다 벌지 못했기 때문입니다.

하루에 정해진 벌이를 채우지 못하면 라쥬 아주머니와 아저씨에게 벌을 받습니다. 벌에는 여러 가지 종류가 있습니다. 헛간에 가두거나 저녁을 굶기는 것 정도는 그래도 참을 만합니다. 하지만 아저씨가 몽둥이나 채찍으로 때리는 것은 정말 참기 어렵습니다. 라쥬 아주머니는 머리채를 잡고 마구 흔들거나, 질질 끌고 다니기도 합니다. 방에서 재우지 않고 밤새도록 헛간 말뚝에 묶어 두는 벌도 아미나타가 두려워하는 벌입니다.

두 사람은 어떻게 하면 새로운 벌을 줄까 궁리만 하는 사람이라고 아미나타는 생각합니다.

이곳 가봉의 리브르빌 부근에는 이렇게 아미나타처럼 하녀로 살고 있는 어린 소녀들이 셀 수 없이 많습니다. 대부분은 베냉에서 잡혀 온 아이들입니다. 아미나타의 고향도 베냉입니다. 아미나타가 여덟 살이 되었을 때, 엄마는 아미나타에게 말했습니다.

"너도 이제는 돈을 벌 만큼 크지 않았니? 엄마는 이제 너무 나이가 많아 너를 먹여 살릴 수가 없구나."

그리고는 웬 나이 많은 아저씨 한 분을 집으로 데리고 왔습니다. 이 아저씨를 따라가면 좋은 일자리를 소개해 준다고 했습니다. 가난한 엄마 밑에서 굶기를 밥 먹듯 하는 생활에서 벗어나, 깨끗하고 좋은 방에서 재워 주고 밥도 배불리 먹여 주고 게다가 월급도 많이 주는 일이라고 말입니다. 아미나타는 사랑하는 엄마와 헤어지는 것이 싫었지만, 더 이상 엄마랑 같이 고생하지 말고 좋은 집에서 돈을 많이 버는 것이 좋겠다며 등을 떠미는 엄마를 거역할 수 없었습니다. 그래서 아미나타는 낯선 아저씨와 함께 다음날 길을 떠나게 되었습니다.

아미나타가 도착한 곳은 베냉의 수도인 포르토노보였습니다. 그곳에서 아미나타는 70여 명의 다른 소녀들과 함께 항구로 떠났습니다. 배를 타러 가는 것입니다. 낯선 아저씨는 작고 허술한 나룻배에 70명이 넘는 소녀들을 한꺼번에 태웁니다. 배가 기우뚱 기우뚱거릴 때마다 아미나타는 겁이 났습니다. 파도가 금방이라도 삼켜버릴 수 있을 만큼 초라한 배였습니다. 그 초라한 배를 타고 넓고 넓은 바닷길을 일주일 동안이나 쉬지 않고 가야 한다고 했습니다.

소녀들이 가는 곳은 바로 가봉의 리브르빌이었습니다.

아미나타와 소녀들은 난생 처음 바다를 보았습니다. 처음 만난 바다는 아름다웠습니다. 이제 배불리 먹고 돈도 벌 수 있다는 희망에 찬 눈으로 바라본 바다였기에, 더욱 더 아름답게 보였습니다. 그렇지만 아름답던 바다가 광폭하고 무서운 존재로 바뀌는 데에는 그다지 오랜 시간이 필요하지 않았습니다.

 아미나타와 70여 명의 소녀들이 탄 배에는 고작 사흘 치의 식량과 물이 실렸을 따름입니다. 차양도 없이, 사정없이 내리찍는 태양 아래 그대로 내던져진 소녀들은 일사병으로 하나 둘 쓰러졌습니다. 식량과 물이 사흘 만에 동이 나자, 흔들리는 배 위에서 죽은 듯이 쓰러져 굶고 있을 수밖에 없었습니다. 아이들을 데리고 온 낯선 아저씨는 물이 먹고 싶거든 바닷물을 떠 마시라고 했습니다.

일사병과 탈수증, 그리고 멀미에 시달리는 아이들에게 짜디짠 바닷물은 독약이나 다름없습니다. 죽는 아이들도 생겼습니다. 리브르빌까지 오는 일주일 동안 네 명의 꽃다운 소녀들이 생명을 잃었습니다. 낯선 아저씨는 무표정한 얼굴로 소녀의 시신을 바다로 내던져 버렸습니다. 그 광경을 차마볼 수 없었던 아미나타는 눈을 질끈 감습니다.

곧 커다랗게 풍덩하는 소리가 납니다. 아미나타가 세상에 태어나서 들어 본 소리 중, 가장 끔찍하고 무서운 소리였습니다. 소녀들의 시신이 깊고 검푸른 바다 속으로 천천히 사라져갑니다. 아미나타가 품었던 꿈도 함께 가라앉고 있습니다. 아미나타는 그때 깨달았습니다. 포르토노보에서 탄 나룻배의 목적지가 희망으로 가득 찬 신세계가 결코 아니라는 것을……. 그것은 지옥으로 가는 수송선이었습니다.

네 명의 소녀를 삼킨 일주일간의 항해 끝에 닿은 곳이 바로 가봉의 리브르빌입니다. 이곳에서 70여 명의 소녀들이 뿔뿔이 흩어지게 될 것입니다. 어디로 가는지 아무도 알 수 없습니다. 친구의 시신이 바다에 던져지는 모습을 본 이후, 아이들은 말을 잃었습니다.

나흘째 물 한 모금 먹지 못한 아이들은 두려움을 느낄 기력조차 없습니다. 여덟 살 먹은 페기만이 겁에 질린 목소리로 흐느끼며 애원하고 있을 따름입니다. 페기는 여섯 살 된 동생 조슬린과 함께 입니다. 페기와 조슬린도 아미나타처럼 입 하나 줄이고, 돈을 벌어 어려운 살림에 보태기를 바란 부모님 손에 이끌려 낯선 아저씨에게 넘겨진 자매입니다. 페기는 배고픔과 두려움은 참을 수 있었지만, 동생과는 절대 떨어지고 싶지 않았습니다. 그래서 목청 터져라 애원합니다.

"제가 두 사람 몫만큼 일을 더 많이 하면 되잖아요. 제발 동생과 저를 떼어 놓지 말아 주세요"

아미나타는 그후 페기와 조슬린이 어찌 됐는지 알 수 없었습니다. 리브르빌에 도착하자마자 곧바로 라쥬 아주머니네로 팔려 가게 됐기 때문입니다. 배불리 먹을 수 있다고요? 아미나타는 늘 굶주립니다. 돈을 많이 벌 수 있다고요? 라쥬 아주머니가 이야기한 월급은 한 달에 겨우 10파운드(2만 원)에 불과한 아주 적은 액수입니다.

그나마 2년이 지난 지금까지 한 번도 돈을 받아본 적이 없습니다. 라쥬 아주머니가 낯선 아저씨에게 건넨 돈이 50파운드(10만 원)나 되기 때문에, 그 돈을 모두 갚을 때까지는 월급을 줄 수가 없다는 것이 아주머니의 말입니다. 그런데 다섯 달이 훨씬 지난 다음에도 여전히 아주머니는 돈을 주지 않습니다. 그동안 이자가 붙어 갚을 돈의 액수가 더 불어났다는 말도 되지 않는 이야기만 되풀이할 뿐입니다. 죽지 않을 만큼 주는 먹을 것과 다 낡아 구멍이 숭숭 난 옷가지, 헛간보다 나을 것이 없는 숙소에도 비싼 값을 지불해야 한다며 월급에서 그 동안의 이자와 여러 비용을 빼고 나면 전혀 남는 돈이 없다는 것입니다.

왜 도망을 치지 않느냐고요? 아미나타도 도망을 생각해 보지 않은 것은 아닙니다. 장사가 너무나 힘들고 아저씨의 채찍질이 무서워 더 이상 견딜 수 없어 무작정 집을 나와 경찰서에 간 일이 있습니다. 어디론가 분주히 전화하는 경찰 아저씨들을 보고 아미나타는 '이제야 살았구나, 드디어 그리운 엄마에게 돌아갈 수 있겠구나' 하고 생각했습니다. 사라졌던 희망의 불씨가 다시 되살아나는 것 같았습니다.

하지만 경찰 아저씨들은 라쥬 아주머니를 부른 것이었습니다. 경찰서에 나타난 라쥬 아주머니는 크게 화를 내면서 무슨 서류를 내밀었습니다. 그 서류는 정식으로 아미나타를 고용했다는 증명서였습니다. 아미나타를 데려가서 일을 시켜도 좋다고 동의한 아미나타 엄마의 사인도 있다고 했습니다. 그러면서 라쥬 아주머니는 일도 잘 못하고 몸도 약한 아미나타가 없어도 그만이라며 고향으로 가고 싶으면 마음대로 하라고 말했습니다.

경찰 아저씨가 말했습니다.

"이곳에서 일하기 싫으면 마음대로 하렴. 집으로 가고 싶으면 그렇게 하면 되지."

화가 머리끝까지 오른 라쥬 아주머니는 알아듣지도 못할 지저분한 욕설을 내뱉으며 집으로 돌아갔습니다. 이제 아미나타도 고향집으로 갈 수 있게 된 걸까요? 그런데 잠깐만요. 집까지는 어떻게 가야 하나요?

누군가가 아미나타를 보호하고 집으로 돌려보내 줄 책임을 져야하는 것이 당연한 일입니다. 그러나 경찰 아저씨는 '가고 싶은 곳으로 가라'며 아미나타의 등을 떠밀 뿐 아무런 책임을 져주지 않았습니다. 라쥬 아주머니의 학대와 고된 노동에서는 빠져나왔지만 갈 곳이 없었습니다. 집으로 가고 싶어도 갈 방법이 없었습니다. 아미나타를 데려온 그 낯선 아저씨는 불법으로 몰래 소녀들을 가봉으로 데려왔기 때문에 아미나타는 신분을 증명할 아무런 서류도 가지고 있지 않았습니다.

원래 다른 나라로 가려면 여행자임을 증명하거나 일을 하러 간다는 것을 증명할 수 있는 여권과 비자가 필요한 법입니다. 아무리 어린아이라고 해도 말입니다.

그러나 아미나타는 여권도 비자도 없습니다. 심지어 자신의 집 주소도 기억하지 못합니다. 그런데 어떻게 집으로 혼자 돌아갈 수 있단 말입니까. 이곳 가봉에서 아미나타의 고향인 베냉까지는 아주 멉니다. 나룻배로 일주일이나 걸리는 거리입니다. 비행기로 간다고 해도 두 시간이나 걸리는 아주 먼 곳에 와 있는 것입니다. 아미나타는 어떻게 집으로 가야 하는지 길을 알지 못해서 걸어서 갈 수도 없습니다. 길을 안다고 해도 먹을 것이 없어 가다가 굶어 죽기 십상일 것입니다.

아미나타는 경찰서에서 나와 일주일 동안 리브르빌 시내를 헤맸습니다. 낮에는 먹을 것과 차비를 구걸하고 밤에는 공원 벤치에서 잠을 잤습니다. 그러나 대도시는 라쥬 아주머니네 채찍보다도 더 무섭고 두려운 존재라는 것을 깨달았을 뿐입니다. 고용주에게서 도망 나와 거리를 전전하는 소녀들에게 훨씬 더 비참한 현실이 기다리고 있었습니다. 먹을 것이나 돈, 잠잘 곳을 제공해 주겠다며 꼬드기는 징그러운 아저씨들에게 나쁜 일을 당하게 되는 것입니다. 아미나타는 절망을 안은 채 다시 라쥬 아주머니네로 돌아갈 수밖에 없었습니다.

일주일 만에 돌아간 그곳에서 아미나타를 기다린 것은 떠나기 전보다 더한 매질과 사흘 동안의 감금이었습니다. 그런데도 불구하고 아미나타에게는 라쥬 아주머니네 헛간이 반갑다는 마음까지 들었습니다. 대도시에서 본 거리 소녀들의 생활은 상상할 수 없을 만큼 끔찍한 것이었기 때문입니다. 거리에서 그렇게 사느니, 매를 맞더라도 차라리 이곳 헛간이 낫다고 생각합니다.

거리에서 비참하게 살아가는 소녀들도 대부분 아미나타처럼 베냉이나 토고 같은 가난한 나라에서 왔습니다. 많은 돈을 벌 수 있다는 꼬임에 넘어가 팔려와서 하녀로 일하던 아이들입니다. 고된 노동과 매질에 못 이겨 거리로 도망을 나온 아이들도 있지만 고용주가 쫓아낸 소녀들도 많습니다. 하인이 필요한 가정에서는 대부분 어린 여자 아이를 삽니

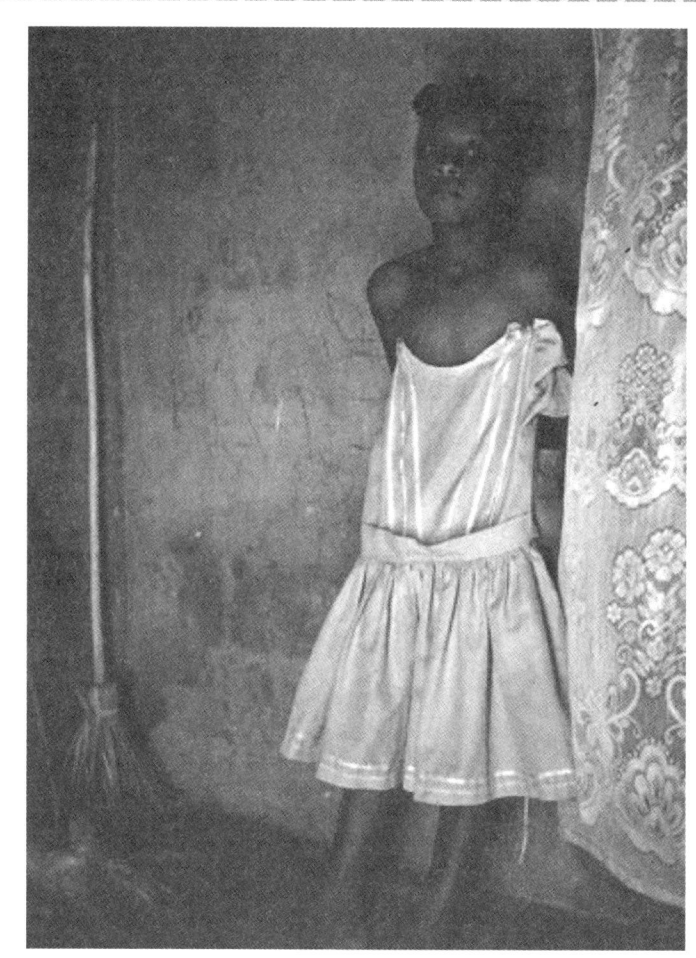

아미나타는 라쥬 아주머니의 다 떨어진 원피스를 어색하게 고쳐 입어야 합니다. 힘든 집안일에 잠깐 허리를 펴는 것도 라쥬 아주머니가 보면 혼날 일입니다.

다. 남자 아이들보다 약하고 힘든 일은 못하지만 작고 여려서 다루기 더 쉽기 때문입니다. 위협을 하거나 매질을 해도 크게 저항하지 못하고 청소나 빨래, 요리, 바느질, 장사를 시키기에도 여자 아이들이 낫다고 생각하는 것입니다. 잘 도망가지도 못한다고 생각합니다.

여기 가봉에는 이렇게 현대판 하녀로 사는 소녀들이 셀 수 없이 많습니다. 아무도 정확한 숫자를 파악하고 있지 못하지만 대략 1~2만 명이 될 거라고 합니다. 어린 소녀들이 자라 10대가 되고 가슴이 커지기 시작하면 고용주는 소녀들을 돈 한 푼 없이 길거리로 내쫓습니다. 어느 정도 성장한 10대 소녀들은 예전처럼 고분고분 말을 잘 듣지 않는다는 이유입니다. 그리고는 또 돈을 주고 어리고 약한 여자 아이를 데려오는 것입니다.

이렇게 쫓겨난 소녀들은 거리를 방황하면서 구걸하는 것 외에는 달리 살아갈 수 있는 방법이 없습니다. 쫓겨난 소녀들 중에는 주인 아저씨의 아이를 임신한 소녀들도 있습니다. 학대를 하다가 임신을 하자 귀찮은 마음에 쫓아낸 것입니다.

고향으로 가고 싶어도 갈 수 있는 방법이 없는 가여운 소녀들은 오늘도 삭막한 도시를 헤매며 하루하루를 살아갑니다. 이 아이들을 어떻게 하면 집으로 돌려보낼 수 있을까요. 왜 아무도 이 아이들에게 관심을 가져주지 않는 것일까요?

국제연합(UN)에서는 15세 이하의 어린이들이 불법으로 팔리고 착취당하는 일이 벌어지지 않도록 여러 가지 법령을 제정하고, 세계 여러 나라들의 동참을 호소하고 있습니다. 국제 회의가 열릴 때마다 아프리카에서 벌어지는 아동 학대와 노동력 착취에 대한 이야기가 소개되고 무슨무슨 선언이나 법령 따위가 발표되지만 여전히 매를 맞고 굶으며 하루에 20Km를 걸어야 하는 아미나타에게는 아무 상관없는 이야기입니다.

선언이 발표되면 뭐 하나요? 그 선언이 아미나타를 집으로 데려다 줄 수 있는 것도 아닌데요. 가봉 정부에서는 보다 적극적으로 국경 수비를 강화하겠다고 발표한 바 있습니다. 여권이나 허가증도 없이 불법으로 아이들을 몰래 가봉으로 데리고 들어올 수 없도록 국경을 철저히 지키겠다는 이야기입니다.

그래도 아무 소용이 없습니다. 대부분의 아이들은 아미나타처럼 끔찍스러운 뱃길을 통해 가봉으로 들어오니까요. 그리고 육로를 통해 들어오는 아이들도 아무런 제제도 받지 않고 손쉽게 가봉으로 입국할 수 있습니다. 뇌물을 받고 통과시켜 주는 부패한 국경 경찰이 있기 때문입니다.

베냉의 가난한 가정에서는 대부분 평균 한 명 이상의 아이들을 가봉 같은 외국으로 일하러 보냈다는 통계가 있습니다. 그리고 이 가정의 부모들은 모두 아이들이 잘 먹고, 잘 지내며, 많은 돈을 받고 있다고 믿고 있습니다. 아니, 최소한 그렇게 믿고 싶어 합니다. 외국으로 떠난 아이들 중 자기가 원해서 집을 떠난 아이들은 얼마 되지 않습니다. 대부분의 아이들은 가난해도 가족과 함께 있기를 원했습니다.

베냉 정부와 민간 단체에서는 가봉이나 코트디부아르로 보내지는 아이들이 매질과 학대 속에서 하루에 20시간이 넘는 중노동에 시달리고 있다는 사실을 널리 알리고자 노력하고 있습니다.

'당신의 소중한 아이들을 가봉으로 보내지 마세요. 가봉으로 보내진 아이들은 끔찍한 환경 속에서 일하게 된답니다. 절대로 보내면 안 됩니

다.' 그런데 계속되는 노력에도 불구하고 캠페인은 좋은 성과를 거두지 못하고 있습니다. 가난에 지친 많은 사람들에게 일자리의 유혹은 달콤하기 그지없기 때문입니다.

간혹 국경이나 항구에서 아이들을 매매하는 중개업자를 체포하게 되더라도 처벌은커녕 그냥 풀어 주어야만 하는 일이 벌어집니다. 아이들을 속이고, 부모를 속이고, 물도 없이 배에 태워 아이들을 죽게 만들고, 살아남더라도 결국에는 거리로 내몰아 노숙자로 전락시키는데도 말입니다. 중개업자는 오히려 큰소리를 칩니다.

"아이의 부모가 내게 아이를 데려가 달라고 맡겼단 말이오! 싫다는

데도 억지로 맡기는 것을 어쩌란 말이오!"

그리고는 부모의 사인이 적힌 동의서를 흔들어대는 것입니다. 국제 노동기구(ILO)와 국제연합(UN)에서는 아프리카 국가들의 협조를 얻어 15세 미만의 아이들의 노동을 법적으로 금지하는 조항을 만들고자 많은 노력을 기울이고 있습니다. 부모들의 동의서가 있다고 해도 아이들은 어디서 무슨 이유에서건 노동을 해서는 안 된다는 강력한 법을 만들려고 하는 것입니다. 이 법이 제정되고 나면, 아이들을 중개업자에게 건넨 부모들도 동시에 처벌받게 됩니다. 중개업자가 부모의 동의서를 가지고 있다고 해도 동의서 자체가 불법이기 때문에 더 이상 아이들을 데려가지 못하게 되는 것입니다. 당연히 아이들을 돈을 주고 사는 행위도 처벌받습니다. 라쥬 아주머니가 중개업자에게 10만 원을 주고 아미나타를 데려오는 것 같은 행동 말입니다. 이 법이 만들어지고 나면 라쥬 아주머니도 감옥에 가야 합니다. 그러나 많은 아프리카 국가에서는 이런 법을 만드는 것에 대하여 적극적으로 나서지 않고 있습니다. 법을 만든다 해도 별 소용이 없을 것이라는 이야기입니다. 아프리카에는 가난한 사람들이 너무나 많기 때문에 아무리 무서운 법을 만들어도 제대로 지켜지기 어려울 것이라고 말합니다. 법보다는 배고픔이 더 무섭기 때문입니다.

그렇다 해도 법은 만들어져야만 합니다. 그래야 리브르빌 거리에서

페기와 조슬린도 다행히 고용주로부터 탈출해서 d'Accueil 센터에서 보호받고 있습니다.

가엾게 살고 있는 소녀들에게 조금이나마 희망을 줄 수 있기 때문입니다. 법보다 가난이 더 무서워도, 지켜지기 어려운 법이라고 하더라도 없는 것보다는 있는 것이 훨씬 낫습니다. 이러한 법을 만드는 것이 또 다른 아미나타를 만들지 않기 위한 첫걸음이 될 것입니다.

아이를 내다파는 부모도, 그 아이를 죄책감 없이 데려가는 중개업자도, 노예처럼 아이를 부리는 고용주도 모두 처벌을 받는 법이 하루빨리 만들어져야 하는 것은 당연한 일입니다. 하지만 이 법을 만드는 목적을 잊어서는 안 됩니다. 법의 목적은 아이들을 불행하게 만드는 사람들을 감옥으로 보내는 것이 아니라, 아이들을 안전하고 따뜻한 가정으로 돌려보내는 데에 있습니다.

리브르빌에는 아미나타처럼 고통받는 아이들을 구하기 위해 노력하는 단체가 있습니다. d'Accueil 센터입니다. 불어 'd'Accueil'은 한국어로 '어서오세요', '누구나 환영합니다'라는 뜻입니다.

이 단체는 아미나타처럼 다른 나라에서 속아 팔려온 아이들을 구해 집으로 돌려보내는 일을 합니다. 이 센터처럼 아이들을 구해 안전하게 집으로 돌려보내는 일을 우선해야 할 것입니다.

얼마 전 계속되는 매질에 못 이겨 다시 집을 뛰쳐나온 아미나타도 다행히 이 센터에서 일하는 자원봉사자의 눈에 띄어 센터로 올 수 있었습니다. 지금 아미나타는 또래 친구들과 어울려 집으로 갈 날을 기쁜 마음으로 기다리고 있습니다. 참으로 다행스러운 일입니다. 하지만 제2, 제3의 아미나타들이 아직 많습니다.

이 리브르빌에서 억울하게 고통받는 아이들을 모두 구조해야 합니다.

세계 어린이 노동 금지의 날

6월 12일은 국제노동기구(ILO)가 정한 세계 어린이 노동 금지의 날입니다. 국제노동기구에 따르면 전 세계적으로 2억 1800만 명의 어린이 노동자들이 있다고 합니다. 국제연합(UN)은 이미 1924년 '아동권리선언'을 통해 어린이에게는 보호와 배려 아래 교육받으며 건강하게 자라날 권리가 있다는 것을 분명히 했습니다. 하지만 80여 년이 지난 오늘날까지도 어린이의 권리가 보장되지 않는 곳은 너무나 많습니다.

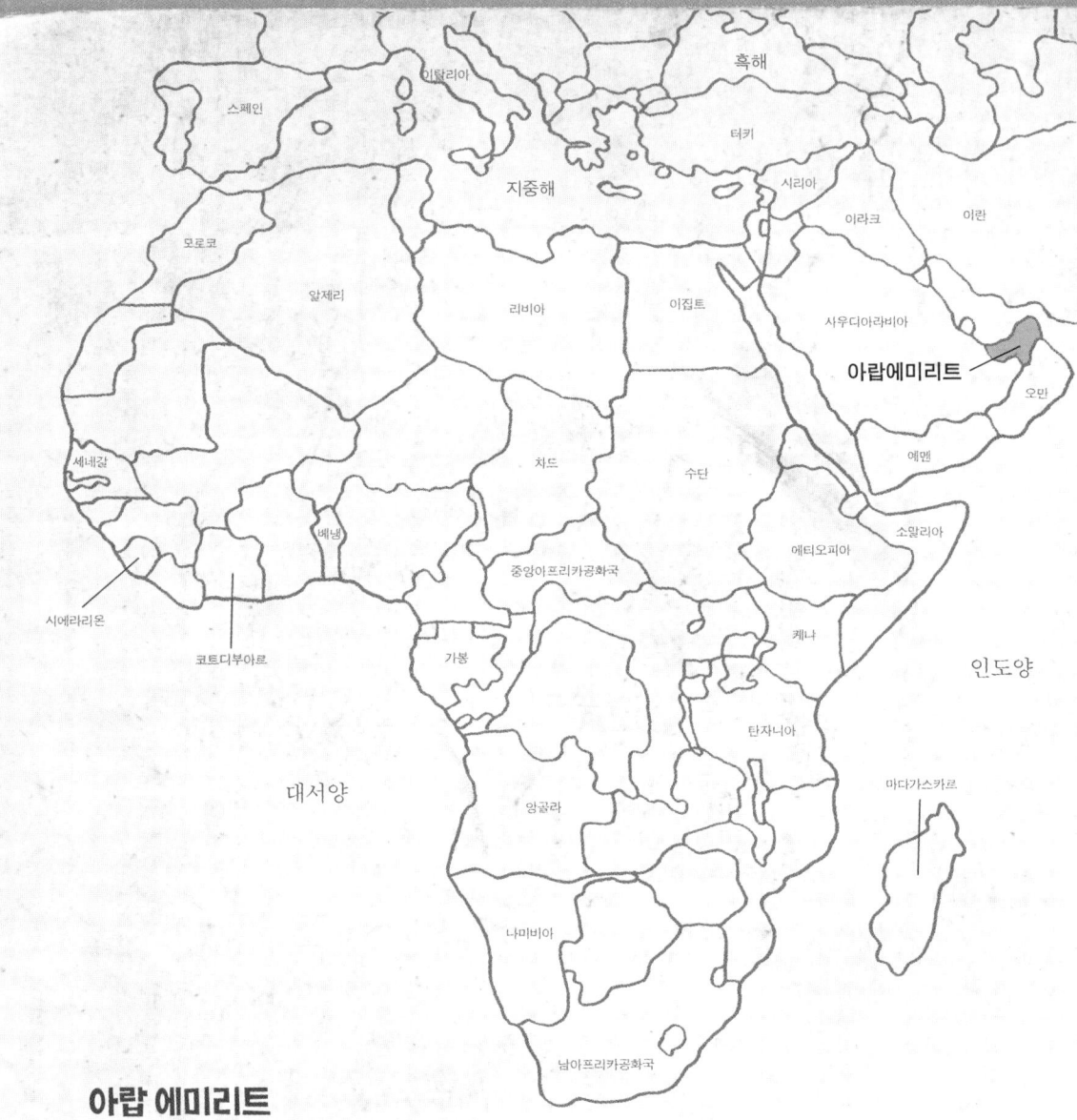

아랍 에미리트

위치 _ 아라비아반도
인구 _ 200만 명(2008년 추계)
수도 _ 아부다비(Abu Dhabi)
언어 _ 아랍 어
민족 구성 _ 아랍 인, 파키스탄 인, 이란 인 등
종교 _ 이슬람교

아랍 에미리트는 1971년 걸프 해에서 영국이 철수했을 때 형성된 7개 자치 왕국 연방의 이름입니다. 특히 아랍 에미리트의 제2도시인 두바이는 여행지로 유명합니다. 세계 3대 석유 종류의 하나인 두바이유 때문에 친숙한 이름이기도 합니다. 세계 8대 불가사의로 부르는 인공 섬 개발과 분양 사업을 벌이고 있는 나힐사, 실내 스키장이 들어서 있는 거대한 쇼핑몰인 '에미리트 몰'과 세계 최고의 7성 호텔 등 사막 한가운데 세계 최대의 호텔과 휴양지를 만들어 관광객들을 끌어들이고 있습니다.

낙타몰이꾼
알스하드의 이야기

낙타몰이꾼 알스하드

알스하드는 방글라데시의 수도 다카에서 태어났습니다. 방글라데시는 세계에서 가장 가난한 나라 중 하나입니다. 매년 큰 홍수로 많은 피해를 입고, 다른 나라의 도움에 많이 기대고 있는 나라입니다.

알스하드의 가족도 역시 가난했습니다. 아버지가 그날그날 벌어오는 돈으로 온 식구가 근근이 살았습니다. 하지만 가족이 모두 함께 모여 있기에 그래도 행복했습니다.

알스하드가 네 살이 되던 해, 거리에서 놀던 알스하드는 가끔 집으로 놀러 오던 아버지의 친구를 우연히 만났습니다.

"알스하드, 아저씨랑 잠깐 어디 좀 같이 갈까? 맛있는 거 줄게."

먹을 것이라는 말에 솔깃했던 알스하드는 아무 생각 없이 아저씨를 쫓아갔습니다. 아저씨는 알스하드를 데리고 어느 외진 골목으로 들어가더니 알스하드에게 사탕과 과자를 주었습니다. 알스하드는 신이 나서 얼른 사탕을 입에 넣었습니다.

그런데 이상합니다. 입안의 사탕이 작아질수록 왜 이리 눈꺼풀이 무겁게 처지는지, 왜 자꾸만 눈앞에 아저씨가 흔들려 보이는지 알스하드는 이상하다고 생각하면서 어느새 잠이 들어 버렸습니다. 한쪽 손에는 과자 봉지를 꼭 쥔 채로…….

알스하드가 먹은 사탕 속에는 수면제가 들어 있었던 것입니다.

다음날 잠에서 깨어난 알스하드가 처음 본 것은 이상한 말을 하는 낯선 사람들이었습니다. 알스하드는 지저분하고 어두침침한 창고 안에 있었습니다. 사탕을 줬던 아버지의 친구도 보이지 않았습니다. 무서워진 알스하드는 엄마를 부르며 울었습니다.

그런데 알스하드는 혼자가 아니었습니다. 창고 여기저기에 알스하드 또래의 아이들이 더 있었습니다. 알스하드가 울기 시작하자 알스하드와 함께 잡혀 온 다른 아이들도 따라 울기 시작했습니다. 그러나 아무리 목을 놓아 울어도 엄마는 오지 않았습니다. 그리운 엄마 대신, 험상궂게 생긴 아저씨가 들어와 마구 때렸습니다.

그러나 매를 맞아도 울음을 멈출 수 없었습니다. 아프고 겁에 질린 알스하드는 목이 쉴 때까지 울었습니다. 알스하드가 갇혀 있는 곳은 파키스탄의 카라치라는 도시였습니다. 이곳에서 일주일 넘게 잡혀 있던 알스하드와 다른 아이들은 이윽고 아랍 에미리트의 두바이로 팔려가게 되었습니다.

굶주리고 잔뜩 겁을 먹은 아이들을 맞이한 사람은 '마스터'라는 40대의 건장한 남자였습니다. 아이들은 햇빛도 잘 들지 않는 지저분한 창고 같은 숙소에 내던져졌습니다.

알스하드는 매일같이 새벽 4시에 일어나 아침밥도 먹지 못한 채 훈련장에 끌려갔습니다. 훈련장에는 어린 알스하드가 보기만 해도 무서운 커다란 낙타가 기다리고 있습니다.

알스하드는 이제 낙타몰이꾼으로 생활하게 된 것입니다.

낙타몰이꾼은 무슨 일을 하는 것일까요? 혹시 TV에서 경마를 본 적이 있나요? 길게 뻗은 경주로 위를 달리는 말들의 스피드! 달리는 말들을 보고 있노라면 스트레스가 확 날아가고 가슴이 활짝 펼쳐지는 것 같은 느낌이 듭니다. 우리나라에서는 조선 시대부터 경마 시합이 벌어졌다고 합니다. 옛날에는 자동차나 비행기 대신 말이 유일한 교통수단이었을 터이니 다들 말을 능숙하게 잘 탔겠지요. 그래서 누가 제일 말을 잘 달리는지, 그리고 어떤 말이 제일 빠른지 가려내는 시합이 인기가 있었습니다.

요즘 우리는 말을 타고 다닐 필요는 없지만 옛날에 벌어지던 시합의 전통은 그대로 남아 잘생기고 튼튼한 말들이 기수를 등에 업고 바람처럼 달리는 모습을 보며 사람들은 아직도 열광합니다.

그렇다면 중동 지방의 사막에 사는 사람들은 무엇을 타고 다녔을까요? 바로 낙타입니다. 우리나라에서는 동물원에서나 볼 수 있는 동물이지만 사막에서는 낙타가 중요한 교통수단이었습니다. 낙타는 물이 귀한 사막에서 오랫동안 물을 먹지 않고도 버틸 수 있으며, 발바닥도 뜨거운 모래사막을 걷기 좋게 생겼기 때문에 사막에서 사는 사람들에게는 없어서 안 될 귀중한 동물이었습니다. 낙타는 콧구멍을 스스로 막을 수 있어서 사막의 모래 먼지를 이겨 낼 수 있습니다. 또 낙타의 등에 있는 혹 속에는 물이 아닌 지방이 저장되어 있어서 한동안 먹지 않아도 버틸 수 있습니다.

낙타는 느릿느릿 걸어다닐 것만 같지만 사실은 그렇지 않습니다. 낙타도 무척 빠른 동물입니다. 보통의 낙타는 평균 시속 35Km 정도로 달리지만, 경주용 낙타는 무려 시속 65Km의 속력을 낼 수 있습니다. 그래서 우리가 말을 이용해 경주를 벌이듯 사막에 사는 사람들은 낙타를 타고 경주를 벌여 왔습니다.

아랍 에미리트를 비롯한 아랍 지역의 여러 나라에서는 정기적으로 낙타 경주가 열리고 있습니다. 이 나라 사람들은 사막에서 유목민으로 살던 사람들이었기 때문에 낙타에 대해 느끼는 애정이 남다릅니다. 사막 생활을 할 때에 낙타는 가축이자, 친구이자, 신선한 우유의 공급자이며, 인생의 동반자였습니다. 그래서 낙타 경주는 중동 지역의 사람들로부터 열렬한 지지와 환영을 받고 있습니다. 사람들은 모두 낙타를 사랑하고 낙타 경주에 열광합니다.

 이렇게 낙타 경주를 좋아하는 사람들이 있는가 하면, 몇몇 사람들은 낙타 경주가 없어져야 한다고 주장합니다. 영국의 사회 단체인 〈노예 제도를 반대하는 사람들〉이 그렇습니다. 낙타 경주와 노예 제도가 무슨 관계가 있냐고요? 아니, 그런데 아직도 노예 제도가 남아 있기나 한 것일까요?

 믿고 싶지 않고 그리고 믿을 수도 없지만 현대에도 노예 제도가 존재합니다. 〈노예 제도를 반대하는 사람들〉은 이렇게 말합니다. 지금도 엄연히 존재하는 노예 제도는 인류가 인류에게 저지를 수 있는 가장 흉악한 죄라고 말입니다.

 경주마에게 기수가 있듯, 낙타 경주를 할 때에도 낙타 등에 타는 몰이꾼이 있습니다. 경주마의 기수는 모두 어른들이지만 아랍 에미리트에서 벌어지는 낙타 경주의 몰이꾼들은 모두 어린이들입니다. 네 살에서 열다섯 살 정도의 어린 남자 아이들이지요. 이들이 바로 〈노예 제도를 반대하는 사람들〉이 이야기하는 현대판 노예입니다.

낙타몰이꾼으로 일하는 아이들은 아랍 에미리트에서 태어나고 자라난 아이들이 아닙니다. 파키스탄이나 방글라데시 등의 나라에서 유괴되어 오거나 부모에 의해 팔려온 아이들인데 대부분은 알스하드처럼 인신매매를 당한 아이들입니다.

이제 알스하드는 다른 아이들과 함께 하루 종일 낙타 다루는 법을 배워야 합니다. 낙타는 머리까지 키가 4m가 넘으며, 안장을 얹는 등까지의 높이만 해도 2.5m나 됩니다. 키가 1m도 채 되지 않는 알스하드에게는 아찔한 높이입니다.

게다가 낙타는 결코 온순한 동물이 아닙니다. 특히 경주를 하는 낙타

들은 성질이 불같이 사나워서 쉽게 흥분하곤 합니다. 그래야 보다 빨리 달릴 수 있기 때문입니다. 아이들이 낙타 등에 오르면 낙타는 콧김을 세게 내뿜으며 고개를 흔들어댑니다. 아이가 등에 탄 것이 못마땅한 것입니다. 어떤 낙타들은 몸을 흔들어 아이를 떨어뜨리려고 하기도 합니다. 낙타는 아이들에게 괴물과도 같은 무서운 존재입니다.

   낙타 등에 매달려 있는 것만 해도 충분히 끔찍한 일이지만 그래도 알스하드는 익숙해져야만 합니다. 제대로 낙타를 다루지 못하면 여지없이 채찍이 날아들기 때문입니다. 더욱 끔찍한 일은 낙타를 잘못 몰아 2.5m 높이의 낙타 등에서 떨어지는 것입니다. 자칫하면 팔다리가 부

러지거나 척추를 다쳐 영영 걷지도 못하는 신세가 되기 때문입니다.

실제로 사고를 당해 장애인이 된 아이들도 수두룩합니다. 이런 사고가 일어나도 제대로 치료해 주지 않습니다. 장애인이 된 아이들은 운이 좋으면 부모에게 돌려 보내지기도 하지만 그런 경우는 매우 드뭅니다. 치료를 제대로 해 주지 않고 먹을 것도 주지 않아 시름시름 앓다가 생명을 잃는 경우가 더 많습니다.

그래도 연습 중에 사고가 나면 천만다행으로 살아남을 수는 있습니다. 만약 실제 경기 도중 낙타 등에서 떨어진다면 여지없이 죽습니다. 시속 65Km의 속도로 질주하는 열댓 마리의 낙타들에게 짓밟혀 생명을 잃고 마는 것입니다. 이렇게 다치거나 죽는 아이들이 너무나 많기 때문에 끊임없이 새로운 아이들이 훈련소로 잡혀옵니다. 다들 유괴되거나 부모에 의해 팔려 오는 아이들입니다.

그런데 훈련이나 경기 도중 아이들이 죽어도 낙타 경주 관계자들은 정부로부터 아무런 처벌이나 제재를 받지 않습니다. 사고사라는 이유 때문입니다. 아이들이 스스로 원해 낙타 경주에 참여한 것도 아닌데 사고사라니요. 아이들을 죽음의 경주로 내몬 사람이 처벌을 받아야 하는 것이 당연한 일이 아닐까요? 하지만 아이들이 낙타에 짓밟혀 죽어가도 아무도 책임을 지지 않습니다.

낙타 경주에 열광하는 두바이 사람들은 자신의 아이들이 이렇게 죽

아이들은 낙타 등 위에 혼자 타지도 내리지도 못합니다. 일단 낙타 등 위에 올라타면 '마스터'가 내려줄 때까지 낙타에 잘 매달려 있어야 합니다.

어간다고 해도 계속 낙타 경주를 벌일 수 있을까요? 낙타를 모는 아이들에게도 자신들의 아이들과 똑같이 사랑받고 보호받을 권리가 있다는 당연한 사실을 어째서 깨닫지 못하고 있는 것일까요? 사실은 알면서도 낙타 경주를 포기하지 못하고 있는 것입니다. 낙타 경주는 수백억, 수천 억이 오가는 도박장이기 때문입니다.

아랍 에미리트는 석유와 천연가스로 부자가 된 나라입니다. 특히 낙타 경주가 열리는 두바이는 '중동의 파리'라고 불릴 정도로 화려하고 아름다운 도시입니다. 세계의 유명하다는 명품들과 값비싼 보석들을

파는 가게가 즐비하며, 세계에서 가장 비싸고 화려한 호텔도 이곳에 있습니다. 나라가 부자라서 고등학교까지 학비가 무료입니다. 심지어 결혼 비용도 나라에서 보태 줍니다. 전기와 수돗물도 거의 공짜입니다.

부자들은 우리가 상상할 수 없을 만큼 돈이 많아서 집 안에 전용 비행장이 있는가 하면, 전용 비행기가 가족 수대로 있는 사람도 있다고 합니다. 낙타 경주에 나가는 낙타들의 주인은 바로 이런 부자들입니다. 경주용 낙타들의 몸값이 얼마나 나가는지 아시나요? 싼 낙타가 천만 원이고, 우승 경력이 있는 낙타는 수십억 원의 몸값을 자랑합니다. 낙타들은 제각기 전용 우리가 있고, 그 우리에는 에어컨까지 달려 있습니다. 낙타 한 마리당 두세 명의 인부가 붙어 먹이를 주고, 몸에 솔질을 해 주고, 운동을 시킵니다. 병이 나면 치료를 해 주는 전담 수의사도 있습니다. 심지어 낙타 전용 수영장도 있습니다. 낙타의 스트레스를 줄여 주고, 몸에 기생하는 벌레나 상처를 치료해 주기 위해서 약을 풀어 놓은 고급 수영장입니다. 가난한 방글라데시에서 태어나기보다는 차라리 이곳에서 낙타로 태어나는 것이 나을 뻔했다는 생각마저 듭니다.

낙타몰이꾼으로 팔려 오는 아이들의 몸값은 불과 500~1000달러 내외입니다. 고귀한 아이들의 영혼이 고작 100만 원의 돈 때문에 짓밟히고 있는 것입니다. 아이들은 두바이에서 그 아름다운 영혼과 가능성으로 평가받는 것이 아니라 그들의 싸구려 몸값으로만 기억되고 있습니다. 다치고 죽더라도 상관하지 않습니다. 100만 원이면 또 다른 아이를 사 올 수 있으니까요.

　궁궐 같은 낙타 숙소 옆에서, 아이들은 지옥과 같은 삶을 삽니다. 아이들은 모두 굶주린 상태로 살아갑니다. 먹을 것도 제대로 주지 않습니다. 심지어 마실 물도 주지 않습니다. 탈수증에 걸려 아이들이 쓰러지고 나서야 겨우 물과 먹을 것을 조금 내줍니다. 낙타에게 궁궐을 지어 주는 부자들이 아이들에게 줄 물과 먹을 것에는 어째서 이다지도 인색한 것일까요? 부자들은 돈이 없어 인색하게 구는 것이 아닙니다. 일부러 아이들을 굶기고 있는 것입니다.

　왜냐구요? 등에 태운 아이의 무게가 가벼울수록 낙타가 빨리 달리는 데 유리하기 때문입니다.

　그래서 아이들을 일부러 굶깁니다. 담 하나만 넘으면 먹을 것이 지천으로 널려 있는 부자 나라에서 그깟 낙타 경주 때문에 아이들은 억지로 배고픔을 강요받고 있는 것입니다.

　굶주린 아이들은 제대로 자라지도 못합니다. 네 살 때 이곳에 잡혀 온 알스하드는 일곱 살이 된 지금도 네 살 때와 몸무게가 똑같습니다. 키도 자라지 않았습니다. 영양실조로 아이들은 머리카락이 빠집니다. 심지어 손발톱이 빠지는 아이들도 있습니다. 그래도 어른들은 몸무게가 가벼워야 한다며 먹을 것을 주지 않습니다. 낙타들에게는 신선한 물

아이들은 말을 잘 하지 않습니다. 배고파서 기운이 없기 때문입니다.

과 과일을 잔뜩 가져다주면서 말입니다.

낙타몰이꾼 아이들은 어찌나 가벼운지 한 손으로도 들어 올릴 수 있을 지경입니다. 한창 웃고 뛰어놀아야 할 아이들은 그저 하루종일 침묵을 지킵니다. 말을 하면 더 배가 고프기 때문입니다. 특히 낙타 경주가 열리기 사나흘 전이 가장 힘든 시기입니다. 몸무게를 최대한 줄인다는 이유로 아예 물조차 주지 않기 때문입니다. 그래서 아이들은 경주가 두렵습니다. 두바이 사람들에게는 흥미진진한 오락거리이지만, 이 아이들에게는 죽음의 경주인 것입니다.

1993년, 아랍 에미리트에서는 법적으로 낙타 경주에 어린이 몰이꾼을 고용하는 것을 금지했습니다. 그러나 아무도 이 법을 지키지 않았습니다. 아랍 에미리트 정부는 국제 사회의 압력에 못 이겨 2005년에 새로운 법을 내놓았습니다. 15세 이하, 45Kg 미만의 아이들을 몰이꾼으로 고용하는 것을 금지하는 법령이었습니다. 이를 어길 경우 2만 디르함(약 600만 원)을 벌금으로 내야 합니다.

그러나 지금까지 아랍 에미리트에서는 이 법령에 의해 벌금을 낸 사람이 아무도 없습니다.

아직도 버젓이 낙타 경주는 인기리에 열리고 있습니다. 낙타 경주는 심지어 아랍 에미리트의 인기 관광 상품이기까지 합니다. 수많은 사람들이 낙타 경주를 보기 위해 두바이로 몰려듭니다. 이 많은 사람들은

100만 원의 몸값에 팔려와 굶주림과 죽음의 위협 속에서 낙타 등에 매달려야 하는 알스하드의 비참한 생활을 알고 있는 것일까요? 모르고 있다면 알려 줘야 합니다. 당신의 아이들과 하나도 다른 것이 없는 이 귀엽고 작은 아이들이 당신들의 하루 즐거움을 위해 생명을 담보로 희생을 강요받고 있다고, 당신들이 빠르게 뛰는 낙타를 보며 환호할 때 그 낙타의 등 위에는 다섯 살짜리 어린 아이가 두려움에 떨고 있다는 사실을 말입니다.

알스하드를 잃어버린 알스하드의 아버지는 아들을 포기할 수 없었습니다. 3년 동안 수소문하면서 찾아다닌 끝에 아버지는 알스하드를 팔아넘긴 자신의 친구가 두바이에 있다는 사실을 알게 됐습니다. 어렵게 돈을 마련해 두바이로 건너 간 아버지는 알스하드를 유괴한 파렴치한 친구와 알스하드를 돈을 주고 산 낙타몰이꾼 마스터를 찾아냈습니다. 그리고 경찰에 신고했습니다. 아버지는 이제야 알스하드를 찾게 되었다며 눈물을 흘렸습니다. 경찰은 마스터와 아버지의 친구가 불법으로 알스하드를 납치했다는 사실을 인정했지만 알스하드의 아버지를 비자가 만료되었다는 이유로 방글라데시로 추방했습니다.

아버지는 알스하드가 어디 있는지 알게 되었지만 데리고 나올 수 없었습니다. 알스하드의 아버지는 아들을 찾아 3년이나 헤맸습니다. 그런데 알스하드가 바로 눈앞에 있는데 보지 못하고 눈물을 삼키며 돌아서야 합니다. 그 아버지의 심정을 조금만 이해해 주면 안 되는 것이었을까요? 알스하드의 얼굴만이라도 보게 해주고 다른 곳에 맡길 수 있도록 잠깐만 시간을 줘도 될 텐데 말입니다.

　방글라데시로 돌아온 알스하드의 아버지는 비자를 연장해 다시 두바이로 알스하드를 찾으러 가고 싶었지만 돈이 없었습니다. 지난번 비행기 표도 친척들에게 눈물로 호소하여 겨우 겨우 마련한 터였습니다. 굶기를 밥 먹듯 하는 처지에 어떻게 비행기 표를 또 마련할 수 있겠습니까.

　알스하드의 어머니는 마음에 병이 들어 누워 있습니다. 사람이 너무 많이 슬프면 마음에 병이 나는 법입니다. 마음에 병이 나면 몸도 같이 병이 듭니다.

아버지는 매일같이 정부의 관리에게 편지를 썼습니다. 우리 알스하드를 찾아 달라고요. 우리 알스하드, 눈이 동그랗고 어깨에 커다란 점이 있는 귀여운 우리 아들. 네 살 때 거리에서 유괴되어 지금까지 두바이에서 낙타몰이꾼으로 비참하게 생활하고 있는 불쌍한 알스하드를 구해 달라고요.

아버지의 간절한 기도 덕분일까요? 그로부터 2년 뒤, 마침내 알스하드는 낙타몰이꾼 생활에서 구출됩니다. 그리고 5년이나 얼굴을 보지 못한 그리운 엄마, 아빠에게로 돌아갈 수 있었습니다. 배가 고픈 것은 낙타몰이꾼 훈련소나 집이나 큰 차이가 없지만 그래도 집에는 사랑이 있었습니다.

방글라데시의 여성 변호사 단체에서 알스하드를 구출하는 데 큰 힘이 되어 주었습니다. 그리고 알스하드를 병원에도 보내 주었습니다. 그런데 5년 동안이나 영양실조 상태로 지낸 알스하드는 몸이 다 낫는다고 해도 어쩌면 정상적인 생활이 힘들지도 모릅니다. 너무나 오랫동안 굶주렸기 때문에 뇌세포가 죽어서 바보가 될지도 모른다는 것입니다. 엄마랑 아빠는 알스하드만 보면 계속 눈물을 흘립니다. 여성 변호사 단체에서 일하는 변호사 누나도 알스하드를 보면 눈물만 흘립니다.

다시는 이런 일이 벌어지지 말아야 할 텐데요. 아버지는 모두가 가난 때문이라고 말합니다. 알스하드를 유괴한 아버지의 친구도 옛날에는 정말 착하고 좋은 사람이었다고 말입니다. 가난이 친구를 변하게 했습니다. 그래서 아버지는 친구도 원망할 수 없습니다.

그저 이렇게 가난한 자신이 원망스럽고, 그리고 자신의 아들로 태어난 알스하드가 불쌍하게 느껴질 따름입니다.

그런데 알스하드를 산 마스터는 아무런 처벌도 받지 않았습니다. 아직도 알스하드처럼 유괴되거나 팔려온 아이들이 낙타 경주장에서 죽음을 무릅쓴 몰이꾼 노릇으로 하나씩 죽어가는데도 말입니다.

어떤 축구 선수가 엄청난 돈을 받고 구단을 옮겼다느니 하는 소식은 열심히 신문과 TV를 통해 떠들어대면서 100만 원에 팔려가는 네 살배기 어린이들의 소리 없는 비명에는 왜 귀를 기울이지 않는 것일까요?

국제연합(UN)에 따르면 매년 120만 명에 달하는 아이들이 알스하드와 같은 현대판 노예로 팔린다고 합니다. 유괴나 납치를 당하는 경우도 있고, 부모의 빚 대신에 팔려가는 경우도 있으며, 가족이 진 빚의 이자 대신으로 노동력을 강요받는 경우도 있습니다. 노예로 팔린 아이들은 굶어 죽지 않을 정도로만 먹으며 일주일 내내 1년 365일 하루도 쉬는 날도 없이 끊임 없는 노동을 해야만 합니다. 알스하드처럼 몸무게가 가벼워야 하는 낙타몰이꾼이라든지, 어린아이의 자그마한 손가락이 도움이 되는 카펫 짜기 따위의 섬세한 작업이 필요한 공장, 작은 몸집이 유리한 나무열매 따기 작업이 벌어지는 대형 농장 같은 데가 현대판 노예로 팔린 아이들이 일하는 곳입니다.

전 세계적으로 2억 4600만 명의 16세 이하 어린이들이 열악한 노동 환경 속에서 고통받고 있습니다. 이 아이들 중 840만 명의 아이들은 현대판 노예로 생활하고 있습니다. 돈 한 푼 받지 못하고 노동을 강요당하고 있는 것입니다.

1959년 11월 10일. 국제연합(UN) 제14차 총회에서는 만장일치로 '아동 인권 선언'을 선포했습니다. 어린이는 신체적으로나 정신적으로 미숙하기 때문에 법으로 보호하는 것은 물론, 건강하고 행복하게 자랄 수 있도록 해 줘야 한다는 내용을 담고 있습니다. 우리나라에서도 1988년에 이 '아동 인권 선언'을 바탕으로 '어린이 헌장'을 발표했습니다. 총 11개의 항목으로 이루어진 우리나라의 '어린이 헌장'을 보면 아홉 번째 항목에 이러한 이야기가 나옵니다.

> 9. 어린이는 학대를 받거나 버림을 당해서는 안 되고, 나쁜 일과 짐이 되는 노동에 이용되지 말아야 하며, 해로운 사회 환경으로부터 보호받아야 한다.

하지만 가난은 '아동 인권 선언'을 아무 쓸모없게 만들어 버립니다. 어떤 부모들은 배불리 먹여 주고 교육을 시켜 준다는 꼬임에 넘어가 인신매매범에게 아이를 아무런 조건 없이 내주기도 합니다. 어려운 형편에 먹는 입 하나 줄어서 좋고, 게다가 교육까지 시켜 준다고 하니 고맙고 또 고마운 일이라면서 눈물까지 흘리며 자식을 떼어 보내는 것입니다. 이런 거짓말에 속아 형제를 둘이나 차례로 낙타몰이꾼으로 보낸 파키스탄의 불쌍한 어머니도 있습니다. 형은 다리가 부러져 장애인이 되었고, 동생은 경주 도중 낙타에서 떨어져 죽은 지 2년이나 흘렀는데, 아무것도 모르는 이 어머니는 눈을 동그랗게 뜨고 이렇게 말합니다.

"우리 아이들은 두바이에서 훌륭한 교육을 받고 있다고 들었어요. 고마운 사람들이에요."

형을 구출한 단체에서는 차마 이 어머니에게 동생이 죽었다는 이야기를 할 수 없었습니다.

2004년 6월 12일, 국제노동기구(ILO)에서는 이 날을 '어린이 노동에 반대하는 세계의 날'로 공식 선포했습니다. 그리고 아랍 에미리트 정부와 두바이의 낙타 경주 협회를 상대로 선언했습니다.

더 이상 어린이를 낙타몰이꾼으로 삼는 비인간적이고도 악랄한 행위를 두고 보고 있지만은 않겠다고 말입니다.

어린이 노예 제도에 반대하는 많은 기자들도 위험을 무릅쓰고 두바

50년 전에 발표된 '아동 인권 선언'은 낙타몰이꾼 생활을 하는 아이들에게 아무 힘도 되어 주지 못합니다.

이에 들어가 낙타몰이꾼 훈련소에서 일하는 어린이들을 취재해 세상에 널리 알리고, 아이들을 구출해 집으로 돌려보내기 위해 노력하고 있습니다. 노예 상태에 있는 어린이들에 대해 자꾸 기사를 쓰고 구출을 호소하면 할수록 한 명의 어린이라도 더 그 끔찍한 지옥 속에서 빼내올 수 있기 때문입니다.

사람들은 아직도 잘 모릅니다. 현대에도 노예가 존재한다는 것을요. 그러나 불행히도 이것은 사실입니다. 꿈이었으면 좋겠습니다.

다시는 생각조차 하기 싫은 악몽일지라도 깨어나면 현실로 돌아올 수 있으니까요. 그러나 두바이의 낙타몰이꾼 아이들에게는 이것은 꿈이 아닌 현실입니다. 현실이라고는 믿을 수 없는 지옥 같은 현실입니다. 보다 많은 사람들이 현대판 노예 제도에 대하여 알아야 합니다. 도저히 벌어질 것 같지 않은 공포 영화 같은 일이 어제도 오늘도 어디선가 일어나고 있다는 사실을 알아야 합니다. 그래서 내일은 또 다른 알 스하드가 생기지 말아야 합니다. 마음에 병이 들어 몸져누운 엄마가 생기지 말아야 합니다. 그래야만 합니다.

알스하드를 대신한 로봇 기수

아랍 에미리트는 자국의 인기 스포츠인 낙타 경주에 가난한 나라에서 데리고 온 아이들을 기수로 세워 위험한 경기에 내보내는 것이 국제 사회에 알려지자 큰 비난을 받았습니다.

1993년 어린 아이를 기수로 세우는 것을 반대하는 법이 만들어졌지만 유명무실했습니다. 하지만 아랍 에미리트 정부는 계속되는 국제 사회의 압력에 굴복하여 2005년부터는 기수의 연령 하한선을 16세에서 18세 이상으로 올리고 기수의 체중 제한을 45kg 이상으로 조정했습니다. 그리고 사람 대신 로봇 기수를 만들어 낙타 경주에 활용하기 시작했습니다.

아랍 에미리트 정부는 그간의 잘못을 인정하고 파키스탄 정부에 4만 1000디르함(약 1300만 원), 방글라데시 정부에게 약 144만 달러(약 18억 7000만 원)을 지급하는 등 총 900만 달러(약 100억 원)의 보상금을 1993년 법으로 아동 기수를 금지했을 때부터 기수로 활동한 어린이들을 대상으로 지급했습니다.

그리고 이와는 별개로 2006년 아랍 에미리트 정부와 유니세프는 어린이 기수들의 사회 복귀를 돕기 위해 3000만 디르함(약 75억 5000만 원) 규모의 지원 기금 협약을 맺었습니다.

로봇 기수들이 어린이 기수들을 대신한 초기에는 많은 낙타 경주 팬들이 박진감이 없다고 실망했지만 지금은 예전의 인기를 회복했다고 합니다.

스마트폰으로 QR코드를 찍어보세요.
낙타 등 위에 어린 아이 대신 로봇 기수를 태운 낙타 경주 동영상을 보실 수 있습니다.

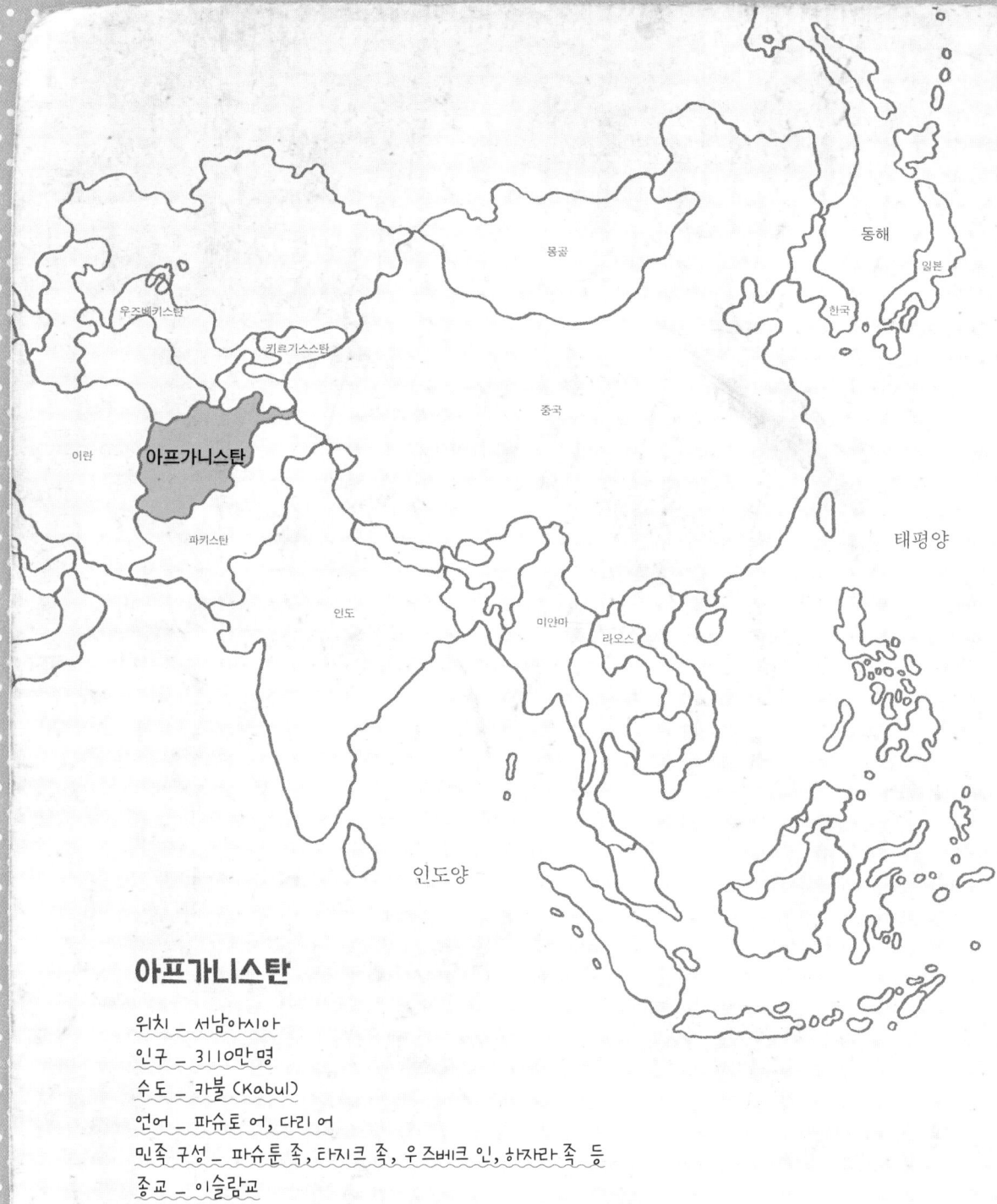

아프가니스탄

위치 _ 서남아시아
인구 _ 3110만 명
수도 _ 카불 (Kabul)
언어 _ 파슈토 어, 다리 어
민족 구성 _ 파슈툰 족, 타지크 족, 우즈베크 인, 하자라 족 등
종교 _ 이슬람교

'전쟁과 테러로 기억되는 나라, 아이들 다섯 명 중 한 명이 다섯 살도 안돼 설사와 폐질환으로 세상을 뜨는 나라, 여성 여섯 명 중 한 명이 출산 도중 사망하는 나라, 국민 두 명 중 한 명이 빈곤층인 나라며 전 세계 아편의 3/4을 수출하는 바로 아프가니스탄입니다. 정부 차원에서 의료 목적으로 마약의 원료가 되는 양귀비를 재배했으나 소련이 아프가니스탄을 침공한 후에는 일반인들도 재배하기 시작했습니다. 1979년 미국은 마약을 통해 소련을 아프가니스탄에서 몰아낼 계획을 세우고 양귀비 재배를 묵인했습니다. 양귀비로 만든 마약인 아편은 정부군과 반군 모두에게 전쟁 자금이 되었습니다.

팔려가는 소녀들의 이야기

팔려가는 소녀들

굴미란은 오랫동안 양귀비를 재배해 온 마흔두 살의 농민입니다. 굴미란은 마약 밀매상에게 1000달러 정도의 빚이 있습니다. 그런데 얼마 전 굴미란은 가지고 있던 농장을 정부에 압수당하고 말았습니다. 이제는 아무리 궁리해 보아도 마약 밀매상에게 돈을 갚을 길이 영영 사라져 버렸습니다.

아프가니스탄의 다른 농민들처럼 굴미란도 양귀비를 수확한 뒤 팔아 빚을 갚을 예정이었기 때문입니다. 그러나 정부에서 마약과의 전쟁을 선포하면서 굴미란의 양귀비 농장을 압수했습니다. 굴미란에게는 아무것도 남겨 두지 않고…….

마약 밀매상의 빚 독촉에 시달리게 된 굴미란은 눈물을 흘리며 이렇게 말할 수밖에 없었습니다.

"저는 도저히 빚을 갚을 수 없습니다. 대신 내 딸을 데려가세요."

굴미란의 딸은 겨우 열두 살입니다. 굴미란의 딸을 데려가는 마약상은 올해 마흔다섯 살이나 된 아저씨입니다. 굴미란보다도 나이가 많습니다. 게다가 이미 두 사람의 아내가 있습니다. 아프가니스탄에서는 아내를 넷까지 둘 수 있기 때문입니다. 마약 밀매상은 굴미란의 딸은 아직 어리기 때문에 2년 정도 첫 번째 부인의 집에서 하녀로 부린 다음, 열네 살이 되면 결혼을 하겠다고 말했습니다. 돈 때문에 딸을 나이 많은 마약 밀매상에게 보내야 하는 굴미란의 마음은 암담하기 그지없습니다.

굴미란의 옆집도 같은 처지입니다. 옆집의 열다섯 살 소녀는 빚때문에 눈이 먼 장애인에게 시집을 가게 되었습니다. 얼굴도 모르는 장애인에게 시집을 가서 평생을 하녀처럼 취급받으며 살아야 합니다. 빚쟁이인 마약 밀매상이 자신의 눈 먼 아들을 위해 시중을 들어줄 며느리로 데려가는 것입니다. 그러므로 며느리라기보다는 무급 하녀라고 보는 것이 적당합니다.

아프가니스탄에서 꽤 큰 도시인 잘라라바드에 살고 있는 모알램도 딸을 마약 밀매상에게 보내야 합니다. 모알램은 굴미란보다 좀 더 많은 1600달러의 빚을 지고 있습니다. 양귀비 농장을 빼앗긴 모알램이 빚을 갚을 수 있는 방법은 그의 열 살 난 딸을 내주는 것입니다. 그렇지만 모알램은 도저히 딸을 내줄 수는 없다고 말합니다. 모알램의 딸인 랄파키르는 매일매일 집에서 울고 있습니다. 아버지가 자신을 절대로 시집보내지 않겠다고 약속은 했지만 어린 랄파키르 생각에도 자신이 시집가지 않으면 빚을 갚을 수 있는 방법이 없기 때문이지요. 랄파키르는 이렇게 말합니다.

"아버지께서 가라고 하면 갈 수밖에 없어요. 하지만 얼굴도 모르는 나이 든 아저씨의 두 번째 부인이 되기는 정말 싫어요. 나는 아직 결혼할 나이도 아닌걸요."

아프가니스탄에는 이런 식으로 팔려가는 소녀들이 수없이 많습니다.

결국 이 모든 불행은 양귀비 때문입니다. 양귀비는 중국 당나라 시대에 유명했던 미인의 이름입니다. 그리고 식물의 이름에도 양귀비가 있습니다. 꽃의 모양이 중국의 유명한 미녀인 양귀비에 비할 만큼 예쁘다고 해서 붙여진 이름입니다.

하지만 아름다운 모양과는 달리 양귀비는 많은 사람들의 아픔과 고통을 주는 식물이기도 합니다. 우리가 흔히 '아편'이라고 부르는 중독성 강한 환각 물질의 재료가 되기 때문입니다. 마약의 원료가 되는 것입니다.

아편은 의학적으로는 마취를 시키거나 환자들의 고통을 덜어 주는 진통제로 사용되고 있습니다. 바르게 사용하면 이렇듯 인간에게 많은 도움을 주는 식물이지만 이것을 옳지 못한 목적으로 사용하는 사람들 때문에 악명을 떨치게 된 것입니다. 모두 사람들의 욕심 때문입니다.

예전부터 아프가니스탄 곳곳에서는 수많은 양귀비 농장을 찾아볼 수 있었습니다. 전쟁이 일어나기 전, 탈레반 정권이 아프가니스탄을 지배하고 있었을 때에는 양귀비 재배가 불법이 아니었습니다. 탈레반 정권은 아편을 만들기 위해 중개상을 통해 농민들이 재배한 양귀비를 사들였습니다. 탈레반 정권은 사들인 양귀비를 팔아 무기를 사거나 필요한 물품을 구입했습니다. 그래서 양귀비 재배는 아프가니스탄에서 불법이 아니라 오히려 적극적으로 장려한 농업이었습니다.

그러나 탈레반 정권이 무너진 지금은 사정이 다릅니다. 이제 양귀비 재배는 불법이 되었습니다. 물론 양귀비를 좋은 용도로 사용할 수도 있기 때문에 모든 양귀비 농장을 불태우는 일은 일어나지 않았습니다. 그 대신 이제 새로운 정부에서 농장을 관리하고 감독하게 된 것입니다.

그 첫 번째 정책으로 아프가니스탄 내에 있는 모든 양귀비 농장은 아무런 보상 없이 정부가 압수했습니다. 자라고 있는 양귀비뿐 아니라 양귀비가 자라고 있는 땅까지 몽땅 남김없이 빼앗아 간 것입니다. 정부에서는 전국에서 불법으로 벌어지고 있는 마약 밀매를 뿌리 뽑기 위해서는 어쩔 수 없는 조치라고 이야기합니다.

하루아침에 아무 대책도 없이 땅을 빼앗긴 농부들에게는 청천벽력과도 같은 일이 아닐 수 없습니다. 커다란 농장을 가진 사람들은 그래도 다른 재산이 있으니 그나마 형편이 낫다고 할 수 있겠지만 손바닥만 한 작은 땅에서 양귀비를 키워 하루하루 겨우 먹고사는 가난한 농부들은 당장 심각한 문제에 부딪힙니다.

대부분의 농민들은 조금씩 빚을 지고 있습니다. 그런데 갑자기 땅을 빼앗겨 버렸으니 빚을 갚을 방법이 사라지고 만 것입니다. 이들이 빚을 진 대상은 대부분 아편을 거래하는 마약 밀매상들입니다. 마약 밀매상들은 TV나 영화에 나온 것처럼 인정사정없는 무서운 폭력 조직의 일원입니다. 그래서 빚을 갚지 않거나 도망간다는 것은 꿈도 꿀 수 없습니

마약은 분명히 없어져야 합니다. 하지만 하루 아침에 농장을 빼앗긴 농민들에게 먹고 살 수 있는 다른 방법을 찾아주는 것도 중요한 일입니다.

다. 이렇게 꼼짝 못할 상황에 처한 농부들이 택할 수 있는 마지막 방법은 딸을 빚 대신 내어주는 것입니다.

마약 밀매상들도 흔쾌히 빚 대신 딸을 받아갑니다. 이곳 아프가니스탄에서는 결혼을 하려면 신부측 집에 돈을 주어야 합니다. 말하자면 '결혼 지참금'이라고 할 수 있습니다. 그래서 빚 대신에 결혼 지참금을 치른 셈 치고 어린 소녀를 데려가는 것입니다.

아프가니스탄 여자의 결혼 적령기는 스무 살 정도이지만 빚을 진 농부의 딸들은 나이가 너 어린 경우가 많습니다. 그래도 신부로 팔려갑니다. 소녀를 데려간 집에서는 소녀의 나이가 어리기 때문에 당장 결혼시키지 않습니다. 집안일과 농사일 등 힘든 일을 시키다가 적당한 나이가 되면 결혼시킵니다.

이렇게 팔려서 신부가 되는 소녀들은 제대로 된 한 식구로서 대접을 받지 못합니다. 정식으로 결혼식을 올리는 경우도 드물고 설사 결혼식을 올렸다고 해도 빚에 팔려온 여자라는 손가락질과 경멸 속에서 하녀 노릇을 해야 합니다. 남편과 시집 식구들의 학대에 시달리다 못해 분신자살을 시도하는 소녀들도 있습니다. 자신의 몸에 기름을 뿌리고 불을 붙이는 것입니다. 이렇게 죽는 소녀가 매년 200~300명이나 됩니다. 많은 소녀들이 남편에게서 벗어나는 유일한 방법으로 죽음을 택하고 있는 것입니다.

죽음을 선택하지 않아도 소녀들의 미래는 참혹합니다. 열 살에서 열세 살 어린 나이에 팔려가 나이 많은 남편의 노리개로 살다가 다른 마약 밀매상한테 또다시 팔려가거나 아니면 아예 다른 나라로 팔려가는 경우도 있습니다.

이렇게 팔려간 소녀들은 하녀로 끌려 다닙니다. 그리고 대부분은 행방이 묘연해지고 맙니다. 어디서 살고 있는지, 아니 죽었는지 살았는지 생사 여부조차도 가족들은 알 수 없습니다.

아프가니스탄뿐만 아닙니다. 아프리카나 남아메리카, 태국이나 필리핀 같은 아시아 지역에서도 매년 수만 명의 어린 소녀들이 빚에 팔려 허울 좋은 신부의 이름으로 생판 모르는 남자와 억지로 결혼식을 올려야 합니다. 분명히 나라마다 법으로 정하는 결혼 연령이 있는데도 불구하고 법은 아주 쉽게 무시되어 버립니다. 우리나라의 경우 만 16세가 넘으면 부모의 동의가 있을 경우 결혼할 수 있다고 헌법에 나와 있습니다. 그러나 아프가니스탄에서 팔려가는 소녀들은 그보다도 훨씬 어린 나이인 일곱 살에서 열두 살 사이인 경우가 대부분입니다. 가족이나 부모가 진 빚 때문에 팔려가기도 하지만 굶어 죽기 직전인 부모들이 돈을 받고 딸들을 팔아 넘기기도 합니다.

때로는 돈을 많이 벌게 해주겠다며 낯선 나라로 데려와서는, 억지로 결혼식을 시키는 경우도 있습니다. 나이지리아나 가봉 같은 아프리카 지역에서 빈번히 일어나는 일입니다. 열 살배기 소녀들은 돈을 벌고 싶은 마음에 중개업자를 따라 왔다가, 낯선 남자와 원하지도 않는 결혼식을 올리게 되는 것입니다.

  신랑이나 신랑의 아버지가 중개업자에게 결혼지참금이라며 지불하는 돈은 약 3만 원 정도입니다. 3만 원의 돈 앞에 어린 소녀의 미래에 대한 꿈이 산산히 조각나는 것입니다.

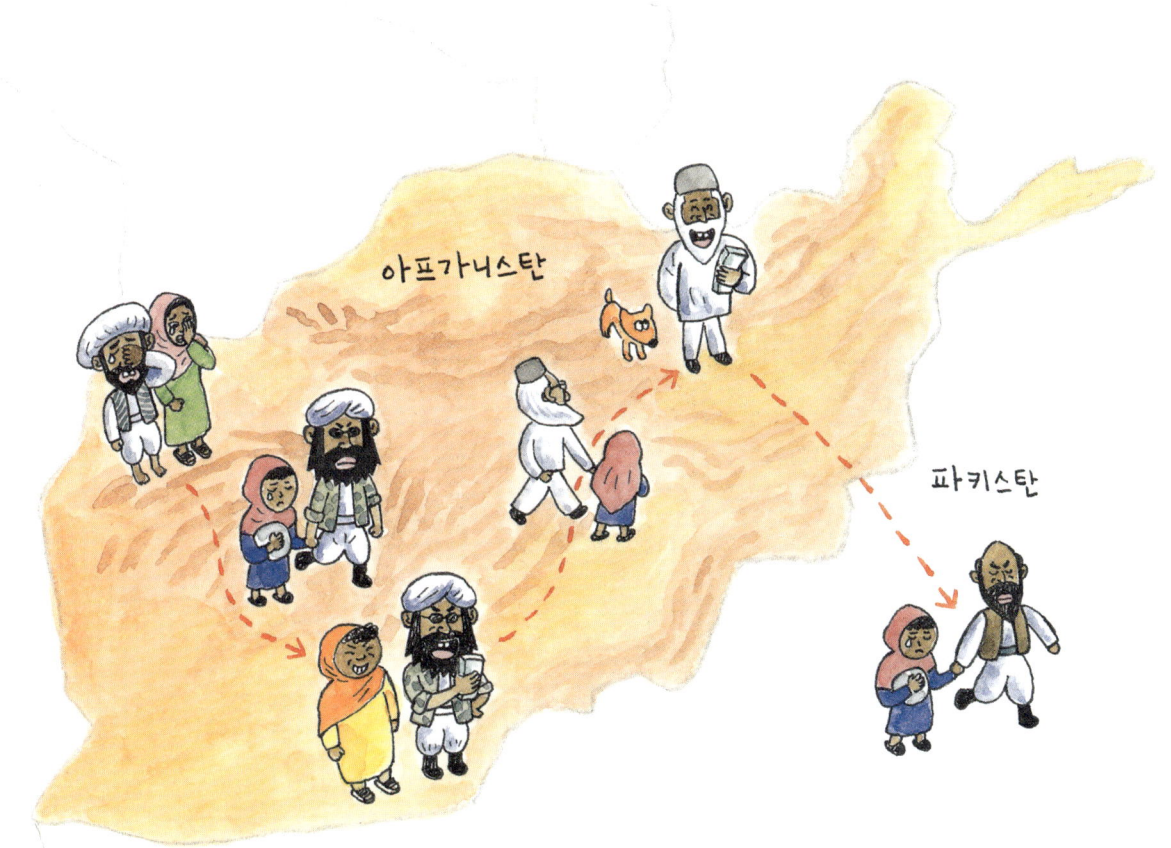

신부라는 명목으로 팔려간 소녀들은 열다섯 살도 되지 않은 어린 나이에 임신을 하고 아기를 낳기도 합니다. 제대로 된 정식 결혼이 아니므로 노예와 같은 생활을 해야 하는 것은 물론, 매를 맞거나 굶는 경우도 많습니다. 남편이란 사람들은 싫증이 나면 돈 한 푼 주지 않고 길거리로 내쫓거나 하녀로 팔아넘기기도 합니다.

이렇게 아프가니스탄에서 신부로 팔려간 어린 소녀들의 운명은 정해져 있습니다. 또 대부분 마약 밀매상에게 끌려가므로 쉽게 마약을 접할 수 있는 환경입니다. 소녀들은 외로움과 학대에 견디지 못하고 아편을 복용하다가 중독되어 서서히 죽어 가거나, 그렇지 않으면 스스로 목숨을 끊는다고 합니다. 한창 미래에 대한 희망을 꿈꿀 10대에 인생을 마감하게 되는 것입니다.

이런 안타까운 사연을 알게 된 다른 나라의 기자들이나 유니세프(UNICEF) 같은 국제 사회 단체에서는 이것은 아프가니스탄 정부에서 책임을 져야 할 문제라고 말합니

빚 대신 팔려온 소녀들은 하녀 취급을 받으며 고된 일에 시달려야 합니다.

다. 그리고 마약 밀매상들을 법정에 세워야 한다고 말합니다. 빚 대신에 어린아이를 요구하는 것은 엄연한 인권 침해요, 인신매매니까 말입니다. 빚을 갚는 것은 둘째치고, 딸을 빚 대신 달라고 요구한 마약 밀매상은 당장 감옥에 집어넣을 수 있도록 고발해야 된다는 것입니다.

하지만 이것은 아프가니스탄의 사정에 대해 잘 모르는 사람들의 이야기입니다. 아프가니스탄에서는 집안의 경제적인 문제나 결혼같은 개인적인 사정을 법정으로 가져가는 것을 커다란 수치로 여깁니다. 게다가 자신의 잘못이 아니라고 하더라도 결혼 문제가 법정에서 들먹거려지게 되면 어린 소녀는 영영 아무와도 결혼을 할 수가 없게 되는 것입니다. 그래서 외국에서 온 자원봉사자들이 자신들이 돈을 대고 변호도 무료로 해 줄 터이니 고소하라고 권해도 아프가니스탄 사람들은 그렇게 할 수가 없는 것입니다.

아프가니스탄 정부에서는 압수한 양귀비 농장을 돌려주거나 빚을 대신 갚아 줄 수는 없지만 빚 대신 딸을 요구하는 파렴치한 마약 밀매상들을 법정에 세울 방법은 있다고 말하고 있습니다. 아프가니스탄의 누구도 자신의 경제적 문제나 딸의 결혼 문제를 법정에 가지고 올 수 없다는 것을 알면서도 이런 관습을 핑계 삼아 정부는 계속하여 "신고만 들어오면 해결해 줄 수 있다니까!" 하고 큰소리만 칠 뿐 뒷짐을 진 채, 가엾은 소녀들을 구하기 위한 아무런 노력을 하지 않고 있습니다.

굴미란을 비롯한 힘없는 농부들은 농장을 빼앗지 말라고 정부에 하소연도 해보지만 이에 귀를 기울여 주는 관리는 아무도 없습니다. 정부에서도 딱한 일이라고 여기고는 있지만 마약을 근절하는 것이 더 급한 일이기 때문에 굴미란 같은 농부들의 사정을 봐줄 수 없다고 이야기합니다. 그래서 아프가니스탄 사람들은 이 문제를 법정으로 가져가는 대신 마을의 가장 웃어른들의 모임인 '지르가'에 호소합니다. '지르가'는 전통적으로 마을의 모든 문제를 해결해온 자치 기구입니다. 하지만 '지르가'에서 마약 밀매상에게 충분한 돈을 지불할 수 없는 이상 별다른 해결책이 있을 수는 없습니다. '지르가'가 아무리 마을의 의견을 대표한다고 해도 무서운 마약 밀매상들을 막을 수 없으니까요. 아무 소용이 없다는 것을 알면서도 사람들은 '지르가'에 눈물로 호소를 하고 있습니다. 물에 빠진 사람이 지푸라기라도 잡는 심정으로 말입니다. 가만히 앉아서 딸을 빼앗길 수 없기 때문에 무슨 일이든 해야 했습니다.

 사람은 누구나 자신이 원하는 대로 살아갈 권리가 있습니다. 자기 자신의 주인은 자신일 뿐 그 누구도 나의 주인이 될 수 없습니다. 부모라고 해도 말입니다. 낳았다고 해서 아이들을 마음대로 자신의 소유라고 생각해서는 안 되는 것입니다. 아이들은 부모의 소유가 아니라, 아이들 자신의 소유이며, 자연의 소유이며, 신의 소유입니다. 누가 마음대로 이 아이들을 빚을 대신해 팔거나 먹을 것과 교환할 수 있는 권리를 주

어린 소녀가 명색뿐인 신부로 팔려가는 것을 아무도 막아주지 않습니다.
모두 다 어쩔 수 없다고만 말할 뿐입니다.

었단 말입니까.

　굴미란의 딸은 결국 팔려가고 말았습니다. 굴미란이 아무리 궁리해 보아도 뾰족한 해결책을 찾을 수 없었기 때문입니다. 빚을 갚지 못하면 온 가족이 위험해집니다. 굴미란의 딸은 울어서 눈이 퉁퉁 부은 채로 집을 떠났습니다.

　딸이 그렇게 빚 대신 팔려간 후 굴미란의 가슴은 날마다 찢어집니다. 굴미란은 딸이 어디서 살고 있는지조차 모릅니다. 딸이 팔려가기 직전에 외국인 기자가 찍어 준 딸의 사진을 매일같이 눈물로 보듬어 안고 있을 뿐입니다.

　더 이상 굴미란 가족과 같은 슬픈 사연을 듣지 않아도 되었으면 좋겠습니다. 세상에는 기쁘고 행복한 일도 있다는 것을 굴미란 가족들이 알게 되는 날이 왔으면 좋겠습니다.

아프가니스탄의 여성들

평균 수명 46세. 국민의 53%가 가난한 나라. 여성의 3%만이 글을 읽을 수 있는 나라. 30분마다 임신 관련 질환으로 여성이 한 명씩 죽는 나라. 2001년 탈레반 정권이 무너진 후에도 여자들은 여전히 일을 할 수도 없고, 학교에 다니는 것조차 어렵습니다. 특히 지방에 사는 여자들은 거의 사람 취급을 받지 못합니다. 집안의 빚에 팔려 노인의 몇 번째 아내가 되는 일은 아주 흔하게 일어나는 일입니다. 아프가니스탄 소녀들에게 미래에 대한 희망을 줄 수 있는 방법은 없을까요?

케냐

위치 _ 아프리카 동부 해안
인구 _ 4400만 명
수도 _ 나이로비(Nairobi)
공용어 _ 영어, 스와힐리어
민족 구성 _ 키쿠유 족, 루히야족, 루오 족, 마사이 족 등 43개 부족
종교 _ 기독교(70%), 이슬람교(10%), 힌두교(소수)

케냐는 1963년 독립하여 동아프리카 지역에서 가장 안정된 정치, 경제 체제를 유지해 왔지만 독재정치가 시작되면서 대내외적인 신뢰를 상실하였고 경제에까지 치명적인 영향을 주고 있습니다. 그래서 하루 1달러 이하로 생활하는 인구는 전체의 50%가 넘고 한 끼 식사를 하기 위해 세 시간을 일해야 할 정도로 가난한 사람들이 많이 있습니다. 특히 고로고초 슬럼가는 정부에서도 손쓸 수 없을 정도로 무질서한 곳입니다.

쓰레기 더미 위에 피어난 꽃, 소피아의 이야기

쓰레기 더미 위에 피어난 꽃, 소피아

"누나, 배고파."

소피아는 오늘도 남동생이 보채는 소리에 눈을 떴습니다. 눈이 잘 떠지지 않았지만 어서 일어나야 했습니다. 조금만 늦어도 하루종일 굶어야 합니다. 이미 늦었을까 봐 벌떡 일어난 소피아는 곧 '부르릉' 소리가 들릴 것만 같아 마음이 조마조마합니다. '부르릉' 소리는 쓰레기 트럭이 오는 소리입니다.

소피아가 살고 있는 동네 이름은 고로고초입니다. 고로고초는 '쓰레기'라는 뜻입니다. 동네 이름이 쓰레기입니다. 거대한 쓰레기 매립장이 바로 소피아가 살고 있는 곳입니다. 원래 쓰레기장에 정식 이름을 가진 마을이 있을 리가 없습니다. 그냥 쓰레기장이 있을 뿐이었습니다. 그래서 그저 사람들은 소피아가 살고 있는 동네를 '쓰레기'라고 부르고 있는 것입니다.

열두 살인 소피아는 부모님이 없습니다. 2년 전 아빠가 에이즈로 죽고, 엄마도 뒤이어 같은 병으로 죽었습니다. 지금은 병든 할머니와 두 살 아래 남동생과 함께 삽니다. 낡고 찢어져 비가 줄줄 새는 허름한 텐트에서 세 식구가 살고 있습니다.

소피아는 열 살 때부터 할머니와 남동생을 보살피는 몫을 감당해야 했습니다. 아직 어린 소피아가 할 수 있는 일이란 고작 되도록 빨리 쓰레기 트럭으로 달려가는 것뿐이지만 말입니다. 하지만 그것도 날마다 전쟁을 치르는 것처럼 치열한 일입니다. 고로고초에는 소피아와 비슷한 처지의 아이들이 많이 살고 있기 때문입니다.

소피아는 얼른 텐트 문을 나섰습니다. 다른 아이들도 하나둘씩 쓰레기 더미 여기저기에서 나타납니다.

드디어 '부르릉' 소리가 들립니다. 트럭은 아직 보이지 않지만 소피아는 트럭이 오는 방향을 향해 냅다 뜁니다. 다른 아이들도 뒤질세라 트럭을 향해 뜁니다.

먼저 도착할수록 더 많은 음식 찌꺼기를 찾아낼 수 있습니다. 그래서 100m 달리기 대회라도 나온 양, 죽을 힘을 다해 달려갑니다. 열심히 달리며 소피아는 기도합니다. 오늘은 제발 조금이라도 먹을 것을 구할 수 있게 해 주세요. 제발······.

 이곳에 살고 있는 소피아는 모르겠지만 고로고초는 전 세계적으로 유명한 곳입니다. 고로고초가 세계에서 가장 규모가 큰 쓰레기 매립지이자 빈민촌이기 때문입니다. 무려 120만 명의 사람들이 이곳 고로고초에서 살고 있습니다. 매일같이 고약한 쓰레기 냄새를 맡으며 말입니다.

이곳은 처음에는 그저 커다란 쓰레기 매립지였습니다. 나이로비라는 도시에서 쏟아지는 어마어마한 쓰레기들을 모아놓는 곳이었습니다. 그런데 언제부터인가 고로고초에 사람들이 하나둘 모여들기 시작했습니다. 도시에서는 살 집을 구하지 못한 가난하고 어려운 사람들이었습니다. 이들은 집을 찾아 온 것이 아니라 쓰레기를 찾아 이곳으로 왔습니다.

도시에서 나온 쓰레기에는 별의별 것들이 다 있습니다. 쓰레기를 뒤져 먹다 버린 음식을 찾고 사람들이 쓰다 버린 가구도 주워다 씁니다. 간혹 멀쩡한 물건이 나오면 시장에 내다 팝니다. 마치 보물찾기라도 하는 것 같습니다. 다른 점이 있다면 우리가 하는 보물찾기는 즐거움을 위한 놀이지만 고로고초의 보물찾기는 생존을 위한 것이라는 점입니다. 쓰레기로 버려진 음식이라도 먹지 않으면 굶어 죽게 되니까요.

쓰레기를 찾아 모여든 사람들이 이제는 세계에서 가장 큰 빈민촌을 형성하고 삽니다. 끝도 없이 쌓여 있는 거대한 쓰레기 더미 위에 조막만한 텐트 한 장 달랑 세우거나 허름한 판잣집을 짓고 살아갑니다. 텐트의 행렬이 어찌나 긴지 텐트 밑에 쓰레기 더미가 아예 보이지도 않을 지경입니다.

이곳 사람들은 늙거나, 병들었거나, 도움을 청할 곳이 아무 데도 없는 최악의 상황에 놓인 사람들입니다. 물론 제대로 된 직업을 가진 사

허름한 텐트부터 얼기설기 지어진 판잣집까지 다양한 사연을 지닌 사람들이 모여 고로고초에 세계 최대의 빈민촌을 만들었습니다.

쓰레기 더미 속에서 아이들은 날마다 미래에 대한 희망을 찾고 있습니다.

람들이 있을 리가 없습니다. 특히 아이들이 가장 고통받고 있습니다. 이곳에는 고아인 아이들도 많고 혹 어른들과 함께 산다고 해도 아이들이 가장 노릇을 해야 하는 경우가 대부분입니다. 부양할 능력이 없는 병든 어른과 함께 사는 경우가 많기 때문입니다. 구걸이나 도둑질, 강도질조차 할 수 없는 벼랑 끝에 몰린 사람들이 모여드는 곳이 바로 고로고초입니다.

소피아도 몸이 아파 더 이상 아무것도 할 수 없는 부모님을 따라 그렇게 고로고초에 왔습니다. 쓰레기 더미에서 살지 않았던 때가 언제인지 소피아는 기억도 나지 않습니다. 소피아는 한 번도 편안한 집을 가져보지 못했습니다. 소피아에게 집은 안전하지도 않고, 기다리는 엄마도 없고, 비가 오면 지붕이 새기 일쑤고, 나만의 방도 없는 곳입니다. 대신 쓰레기, 악취, 구정물 그리고 주변을 새까맣게 물들이는 파리 떼들만 있을 뿐입니다.

소피아는 언제나 아파서 누워 계시는 할머니와 배고파서 칭얼거리는 동생에게 먹을 것을 갖다줘야 한다는 생각밖에는 아무 생각도 할 수 없습니다. 소피아는 꿈을 가질 수도 없습니다. 학교에 다니는 것도 소피아에게는 바랄 수 없는 사치입니다.

쓰레기 트럭이 들어오지 않는 날이라고 해도 소피아를 비롯한 고로고초의 아이들은 하루 종일 쓰레기 더미를 뒤집니다. 딱히 다른 할 일도 없습니다. 땅을 파듯 쓰레기 더미를 파내다보면, 간혹 팔만한 물건을 건질 수도 있습니다.

하지만 운 좋게 괜찮은 물건을 찾아낸다고 해도 안심할 수 없습니다. 집으로 돌아가는 길에 나쁜 어른이라도 만나면 몽땅 빼앗기기 일쑤니까요. 그래서 소피아는 쓰레기 더미를 뒤지다가도 저녁이 되면 캄캄한 밤이 오기 전에 재빨리 허름한 텐트로 돌아가야 합니다. 밤에는 무시무시한 일들이 잔뜩 벌어지는 고로고초이기 때문입니다. 되고 싶은 것도 없고, 될 수도 없는, 미래에 대한 희망이 사라진 이곳에 사는 젊은이들은 사소한 시비로 쉽게 싸움을 벌이고 살인을 저지릅니다. 누가 간밤에 칼에 찔려 죽었다거나, 복수를 해야 한다며 무리지어 패싸움을 벌이는 일이 이곳에서는 아무런 뉴스거리가 되지 않습니다. 훨씬 더 끔찍하고 흉악한 범죄도 아무렇지도 않게 일어나는 곳입니다.

굶주림과 가난은 사람의 마음을 황폐하게 만듭니다. 없는 사람들끼리 나누면서 산다는 아름다운 이야기는 동화 속에서나 볼 수 있는 것인가 봅니다. 가진 것이 아무것도 없는 고로고초 사람들은 나눌 것도 없습니다. 나누기는커녕 어떻게 하면 다른 사람이 가진 것을 내 것으로 빼앗아 올 것인지 궁리하기 바쁩니다. 이곳에서는 돈 100원 때문에도 사람을 죽입니다. 우리나라에서는 껌 한 통도 살 수 없는 적은 돈 때문에 말입니다. 정부에서는 고로고초에 야간 통행금지령을 내렸습니다.

아이들은 쓰레기 더미에서도 즐겁게 뛰어놉니다. 지금 있는 곳이 쓰레기장이 아니라 푸른 풀밭이 펼쳐진 동산이라고 생각하면서…….

저녁 7시가 넘으면 아무도 거리에 나와서는 안 됩니다. 이곳 고로고초에만 해당되는 법입니다. 아이들은 고로고초에서 너무나 쉽게 죽습니다.

쓰레기 더미에서 먹을 것을 찾지 못해 굶어 죽고, 운 좋게 먹을 것을 찾아내도 어른들에게 빼앗겨 굶어 죽습니다. 찾아낸 음식 찌꺼기를 내놓지 않았다는 이유로 열여섯 군데나 칼에 찔린 채 시체로 발견된 아이도 있습니다. 아무런 보호도 받지 못한 채 내버려진 아이들이 몇 명이나 되는지 경찰도, 정부도, 우리도 알지 못합니다. 버려진 고로고초의 아이들에게 무관심한 어른들은 아이들도 거대한 쓰레기장에 함께 버려진 쓰레기인 줄 아나 봅니다. 불쌍한 아이들의 영혼이 쓰레기 더미에 묻혀 신음합니다.

지옥이 어떻게 생겼는지 우리는 알지 못합니다. 하지만 이곳 아이들은 말합니다. 여기가 바로 지옥이라고요. 이곳 고로고초가, 쓰레기 마을이…….

그래서 고로고초의 어린이들은 이렇게 말합니다. 하나님, 나쁜 짓을 많이 하면 지옥에 간다지요? 저는 아직 어려 지옥에 갈 만큼 나쁜 짓을 저지를 시간도 없었는데 왜 저를 이곳에 보내셨나요?

고로고초는 아프리카 북쪽 케냐의 수도 나이로비에 위치해 있습니다. 케냐에서는 다니엘이라는 대통령이 무려 25년 동안 독재정치를 하면서 사람들의 미움을 샀습니다. 2003년 다니엘 대통령이 물러나고 새로운 정부가 들어섰을 때, 사람들은 희망에 차서 이렇게 생각했습니다. 드디어 가난한 사람들을 위한 정부가 생겼구나! 고로고초 사람들도 잠시나마 희망을 꿈꾸게 됐습니다. 전기와 수도 시설, 그리고 텐트가 아닌 제대로 된 집을 마련해 준다는 정부의 공약에 기대를 걸었던 것입니다.

그러나 새로운 정부의 공약은 거짓이었습니다. 집을 마련해 준다던 정부는 오히려 도시를 개발한다며 고로고초를 없애 버리겠다고 발표했습니다. 곧 공사를 시작하겠다고 고로고초 사람들에게 이사를 가라고 합니다. 어디로 가야 하나요? 이곳 사람들은 도시에서 살 곳을 찾지 못해 쓰레기장으로 쫓겨 온 사람들입니다. 여기서 또 어디로 쫓겨 가야 한단 말입니까? 아이들은 어디로 가야 하나요? 혹여 갈 곳이 생긴다고 해도 무엇을 먹고 살아야 하나요? 쓰레기도 뒤지지 못하게 되면 어떻게 목숨을 유지할 수 있을까요? 누구도 대답해 주지 않습니다.

지라니 교육센터

'지라니'는 케냐 말로 '이웃'이라는 뜻입니다. 최소한의 교육도 받지 못하는 고로고초의 아이들을 대상으로 밥을 먹이고, 학교 교육과 직업 훈련을 시키는 곳입니다. 이곳은 한국 최초로 국제연합(UN) 경제사회이사회로부터 비정부기구(NGO)의 최상위 지위인 포괄적 협의 지위를 받은 굿네이버스가 운영하는 곳입니다. 이곳에서 교육을 받는 아이들은 이제 더 이상 쓰레기 더미를 뒤지지 않아도 됩니다. 지라니 교육센터에서 아이들이 배우는 것은 단지 글자만이 아닙니다. 미래에 대한 꿈과 희망을 배우는 것입니다.

이곳에서 공부하는 학생들은 대부분 학령기를 놓쳐 일반 학교에 진학할 수 없어 시내에서 구걸하거나 쓰레기 매립장에서 생활하던 아이들입니다.

아무 희망을 갖지 못했던 아이들이 지라니 교육센터를 통해
케냐의 미래를 짊어질 아이들로 성장하기를 바랍니다.

*사진제공: 굿네이버스

소피아를 만나러 가요

복음이면 충분합니다
곽희문 지음, 아가페북스

친구들에게 '복음이면 충분합니다'라는 책을 소개할까 합니다. 이 책의 저자인 곽희문 선교사는 한국에서 잘 나가던 입시학원 원장 선생님이었습니다. 어느 날 지인들과 술 한 잔을 하고 집에 들어오니 아내와 딸 아이가 울고 있었답니다. 무슨 일인가 깜짝 놀라 사연을 들어보니 '넌 네가 얼마나 행복한 아이인지 아니?'라는 책 속에서 쓰레기 더미 마을에서 사는 소피아에 대한 이야기를 읽고 그 아이가 너무 불쌍해서 같이 울었다는 것입니다.

그래서 고로고초에 사는 아이들을 도울 수 있는 비정부기구(NGO) 단체를 찾아 후원 등록을 하고, 온 가족이 함께 '100원의 기적 운동'에 적극적으로 참여했지만 더욱 가까운 곳에서 아이들을 돕고 싶은 마음에 직접 케냐로 가 종교 단체의 선교사가 되었습니다. 원래 기독교 신자는 아니었지만 성경의 말씀을 이해하게 된 순

간부터 진심으로 하나님을 믿게 되었다고 합니다. 이후 운영하던 학원을 정리하고 온 가족이 책 속의 소피아가 살고 있는 고로고초로 가게 되었고, 자비로 '엘토토'라는 유치원을 세우고 선교 활동을 하고 있습니다. 본드에 취한 청년이 휘두른 쇠파이프에 맞아 다리가 부러지기도 하고, 교통사고로 크게 다치기도 했습니다만 지금도 선교사로 고로고초의 친구들과 함께 지내고 있습니다.

'복음이면 충분합니다'라는 책에는 곽희문 선교사가 우리가 지금 읽고 있는 이 책 속에서 소피아를 만난 것을 시작으로 지금까지 고로고초에서 선교 활동을 하면서 있었던 일들이 적혀 있습니다.

스마트폰으로 QR코드를 찍어보세요.
이 책에 대한 더 많은 정보를 볼 수 있답니다.

캄보디아

위치 _ 동남아시아
인구 _ 1450만 명(2009년 추계)
수도 _ 프놈펜(Phnom Penh)
언어 _ 크메르 어
민족 구성 _ 캄보디아인(크메르 족) 95%, 중국 인, 베트남인, 참 족, 고산 족 등
종교 _ 불교 90%, 회교, 기독교 등

급속한 에이즈의 확산으로 마을 전체가 에이즈 환자인 곳도 있으며, 잦은 내전으로 인한 열악한 환경 때문에 기본적인 의료 시설이 없어서 간단한 질병으로도 많은 어린이들이 죽음에 이르고 있습니다. 킬링필드 학살로 인해 고아와 장애인이 많고, 그 상처들로 인해 정신적인 질환을 앓고 있는 사람도 많습니다.

검은 연기에 갇힌
라타 이야기

검은 연기에 갇힌 라타

　동남아시아의 캄보디아에도 쓰레기 마을이 있습니다. 고로고초가 케냐의 수도 나이로비의 쓰레기장에 있는 것처럼, 캄보디아의 쓰레기 마을은 캄보디아의 수도 프놈펜의 쓰레기장에 있습니다. 이곳에 살고 있는 열두 살 라타는 아침이면 형인 포와 동생, 미네야와 함께 집을 나섭니다. 포는 열네 살이고 미네야는 아홉 살입니다. 세 형제의 집은 소피아네보다는 그래도 집의 모양을 갖추고 있습니다. 슬레이트, 부서진 벽돌, 대나무 따위로 얼기설기 지은 집입니다. 쓰레기 더미에서 주어온 재료로 지은 집이긴 해도 라타네 일곱 식구는 그 안에서 모두 함께 모여 살고 있습니다. 라타 세 형제와 병으로 돌아가신 삼촌의 아들인 사촌 동생 두 명, 그리고 부모님이 라타네 식구입니다. 세 형제는 매일 쓰레기장으로 나갑니다. 쓰레기장에 나가면 포가 제일 먼저 쓰레기를 밀어내는 불도저에 올라탑니다. 곧 라타와 미네야가 불도저에 뒤따라 올라탑니다. 세 형제는 행여 뭐라도 찾을세라 쓰레기 더미를 열심히 쳐다봅니다. 무지막지하게 돌격하는 불도저에 매달린 세 형제의 모습이 위태롭기만 합니다.

혹시라도 값이 나갈 만한 물건이 있는지, 음식 찌꺼기가 있는 것은 아닌지 눈이 빠지도록 쓰레기 더미를 쳐다보며 여기저기 뛰어다니는 세 형제의 모습이 안쓰럽기만 합니다. 이렇게 세 형제가 하루 종일 쓰레기 더미를 뒤져서 손에 쥐는 돈은 약 400원 정도입니다. 일곱 식구의 생계를 책임지기에는 턱도 없이 부족한 금액입니다.

하지만 라타, 포, 미네야는 그 돈이라도 벌어야 합니다. 아버지가 많이 아프시거든요. 라타의 아버지는 덤프트럭에 쓰레기를 싣고 내리는 인부였습니다. 그런데 얼마 전 말라리아에 걸려 심하게 열이 나고 아파서 사흘 동안 일을 나가지 못했습니다. 그래서 아버지는 해고되었습니다.

어머니도 말라리아에 걸려 꼼짝도 못하고 누워 있습니다. 물도 제대로 못 넘기고 자꾸만 토악질만 하는 엄마의 얼굴은 노랗게 들떠 있습니다. 눈도 노랗습니다. 합병증으로 간염까지 생긴 것입니다. 하지만 변변히 약도 쓸 수 없는 형편입니다.

사촌 동생 두 명도 걱정입니다. 이제 겨우 두 살, 네 살 아가들이라 쉽게 병에 걸릴 수 있습니다. 말라리아는 모기가 옮기는 몹쓸 질병입니다. 모기에 물리지 않으면 걸리지 않는 병이지만 이곳 쓰레기장에는 사방에 널린 것이 모기 떼와 파리 떼입니다. 피할 수 있는 방법이 없습니다. 그저 모기를 쫓기 위해 부채질을 해주는 것이 고작입니다. 그마저도 밤에만 해줄 수 있습니다. 낮에는 쓰레기장에서 쓰레기를 뒤져야 하니까요.

쓰레기 트럭 위에 올라탄 아이들이 보는 것이 쓰레기가 아니라 미래에 대한 희망이었으면 좋겠습니다.

이곳에는 무료 학교가 있습니다. 비정부기구(NGO)에서 쓰레기장에 사는 아이들을 위해 세운 학교입니다. 라타네 형제들도 모두 학교에 가고 싶어 합니다. 하지만 학교에 갔다 오면, 쓰레기 더미를 뒤져 버는 돈이 반으로 줄어듭니다. 그래서 아쉽지만 학교는 포기할 수밖에 없습니다. 아침마다 쓰레기 더미로 뛰어들면서 라타의 눈은 자꾸만 학교 쪽으로 향합니다.

학교에 가고 싶은 마음만큼은 간절하지만 라타는 미래에 대해 생각할 겨를이 없습니다. 그저 하루하루 살아가는 것도 벅차고 힘듭니다. 하지만 라타가 모르는 것이 있습니다. 날마다 마시는 공기가 라타의 생명을 위협하고 있다는 사실입니다.

가난 때문에 굶주리고 배우지 못하는 것도 불행한 일이지만, 더욱 큰 문제는 이곳에서 사는 아이들이 자신도 모르는 사이에 조금씩 죽음에 가까워지고 있는 것입니다.

선진국에서는 환경 오염을 최소한으로 줄일 수 있는 방법을 연구해 쓰레기를 재활용하기도 합니다. 발전된 기술이 있으니까요.

그러나 캄보디아처럼 가난한 나라에서는 딱히 개발된 쓰레기 처리법이 없습니다. 그래서 이 나라에서는 쓰레기는 무조건 태웁니다. 묻거나 재활용하는 것보다 가장 돈이 덜 드는 간편한 방법이니까요. 문제는 바로 여기서 시작됩니다. 태워도 되는 쓰레기와 태워서는 안 될 쓰레기를 구분하지 않고 무작정 매립장에 가져다 놓고 한꺼번에 태우기 때문입니다.

이렇게 하면 어떤 문제가 생길까요? 태워서는 안 될 쓰레기를 태우면, 사람에게 큰 해를 끼치는 유독 가스가 발생합니다.

덤프트럭은 매일 프놈펜에서 쓰레기를 잔뜩 싣고 와 매립장에 쏟아 놓고 인부들은 쓰레기에 불 붙이기를 반복합니다. 그래서 라타네 동네에는 항상 시커먼 연기가 가득합니다. 매캐하고 고약한 냄새가 나는 연기가 항상 마을을 가득 뒤덮고 있습니다. 이곳에서는 검은 연기에 가려 하늘도 검게 보입니다. 아이들의 얼굴도 검게 그을립니다. 대나무에 널어놓은 빨래가 시커멓게 그을려 원래 색깔을 알아볼 수가 없습니다. 하긴, 이 옷들도 모두 쓰레기 더미에서 주워 온 것들이니 원래 무슨 색이었는지는 아무도 알지 못하긴 합니다.

세계보건기구(WHO)에서는 분리되지 않은 쓰레기를 태울 때 생기는 유독성 가스가 사람에게 치명적인 상해를 입힐 수 있으며, 특히 한창 자라나는 어린 아이들에게는 호흡기 질환, 폐 질환, 뇌세포의 손상 등을 불러일으켜 정신적인 이상을 가져오거나 심지어 사망에 이를 수 있음을 경고한 바 있습니다. 그러나 이곳 캄보디아에서는 아무도 신경을 쓰지 않습니다. 프놈펜 외곽의 쓰레기 더미에서 사는 라타네 마을 사람들 어느 누구도 이러한 사실에 대하여 아는 바가 없습니다. 사실 안다

냄새 때문에 머리가 아프고 목이 따가워도 아이들은 쓰레기 더미 사이를 뛰어다닙니다.

고 해도 달리 뾰족한 수가 없을 것입니다. 이사할 곳도 없고, 쓰레기를 뒤지지 않으면 당장 먹을 것을 구할 다른 방법도 없으니까요.

쓰레기 더미 위에서 사는 케냐의 소피아나 캄보디아의 라타 같은 아이들은 지금이라도 당장 구해내지 않으면 언제 어떻게 죽을지 모르는 위험한 상황에 처해 있습니다. 포탄이나 총알이 날아다니는 전쟁터는 아니지만 음식 쓰레기를 먹지 않으면 굶어 죽고, 폭력과 살인이 난무하고, 유독가스가 아이들의 생명을 좀먹는 쓰레기장은 또 다른 전쟁터가 아닐 수 없습니다.

아이들은 배고프고 희망이 없는 이곳에서 매일 눈을 뜹니다. 아이들은 이렇게 이야기합니다.

"배고픈 게 제일 힘들어요. 죽는 건 무섭지 않아요. 아침에 눈을 뜨지 않았으면 좋겠다고 생각할 때도 있어요. 죽어서 하늘나라로 가면 더 이상 배고픈 고통은 없을 테니까요. 우리 할머니가 그러는데 영혼은 먹지 않아도 배고픔을 모른대요. 나도 그랬으면 좋겠어요."

거리를 헤매는 아이들

유니세프에 따르면 캄보디아의 수도 프놈펜의 경우 많은 아이들이 거리를 헤맨다고 합니다. 아이들은 구걸하기도 하고, 갱단에 가입해서 소매치기가 되기도 합니다. 거리를 헤매는 아이들은 그 어떤 보호도 받을 수 없어서 거리에서 죽는 아이들이 매년 수천 명에 달하지만 이들을 돕는 손길은 많이 부족한 형편입니다. 가난한 아이들이 너무 많기 때문입니다. 캄보디아 아이들은 관광객을 보면 무조건 '1달러'를 외칩니다. 아이들은 세상에서 구걸하는 법부터 배우고 있는 것입니다.

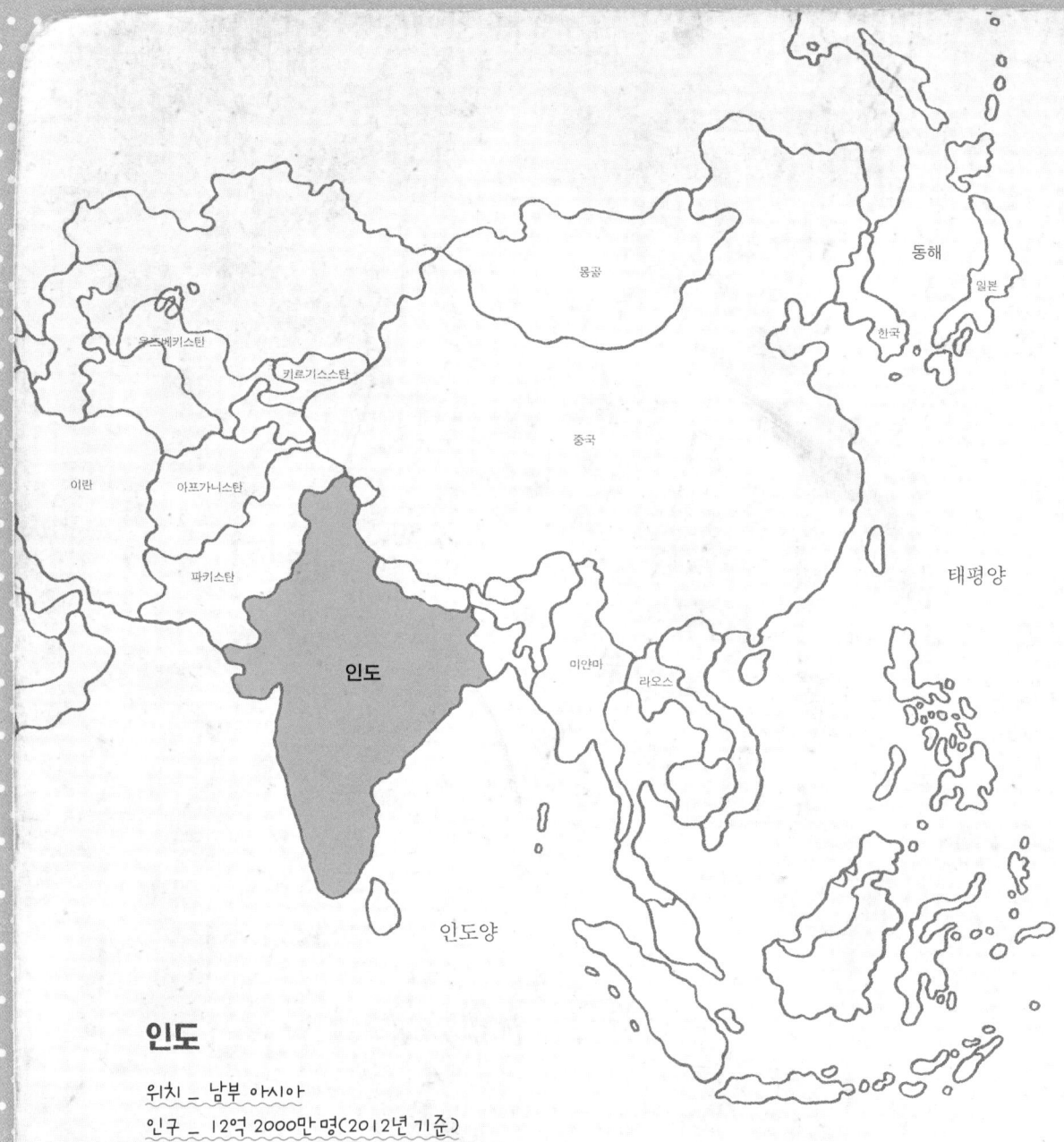

인도

위치 _ 남부 아시아
인구 _ 12억 2000만 명(2012년 기준)
수도 _ 뉴델리(New Delhi)
언어 _ 힌두 어 및 영어, 그 외 15가지의 주요 언어와 700가지 이상의 방언
민족 구성 _ 아리안 족 72%, 드라비다 족 25%, 몽고 족 3%
종교 _ 힌두교 83%, 이슬람교 11%, 기독교 3% 등

인도에서 가장 인구가 많은 도시는 뭄바이로 약 1700만 명 이상, 그 다음인 콜카타는 약 1100만 명, 수도인 뉴델리에는 약 1010만 명이 살고 있습니다. 인도에서는 인구 1000만 명이 넘는 도시가 점점 늘어나고 있습니다. 많은 사람들이 일자리를 찾기 위해 도시로 몰려들지만 대부분 빈곤층이 되고 맙니다. 인도의 최대 도시 뭄바이 인구의 60%는 빈민층이며, 이 중 대부분이 거리에서 지냅니다. 도시 자체가 아시아 최대의 빈민촌인 것입니다. 이곳에 사는 아이들은 학교에 가는 것은 꿈도 꿀 수 없습니다. 구걸이나 폐지를 주워 돈을 벌어야 하기 때문입니다.

달의 여신
찬드라 이야기

달의 여신 찬드라

　인도는 몬순 기후라서 6월에 비가 많이 내립니다. 6월에서 9월까지가 몬순 기간에 해당되는데 이때 한 해 내리는 비의 80%가 내립니다. 몬순 기간이 되면 하늘에 구멍이라도 뚫린 듯 매일같이 많은 비가 퍼붓습니다. 몬순 기간에 거리를 다니는 사람들은 발목까지 차오르는 빗물을 헤치며 귀찮은 듯 찡그린 얼굴로 다닙니다. 우산이 없거나 누군가를 기다리는 사람들은 길가 상점의 처마 밑에서 비를 긋습니다. 비를 긋고 있는 사람들 사이에, 너무나 마르고 작아 잘 보이지도 않는 소녀가 어린 아기를 안고 힘겹게 서 있습니다.

　바로 찬드라입니다. 찬드라는 검고 커다란 눈망울과 초콜릿 색으로 반짝이는 피부를 지닌 소녀입니다. 찬드라라는 이름은 '달의 여신'의 이름에서 따온 것입니다. 많은 인도 사람들이 믿는 종교인 힌두교에는 수많은 신들이 있습니다. 그중에서도 달의 여신 찬드라는 달빛처럼 차갑고 아름다운 미인으로 알려져 있습니다. 찬드라는 달의 여신처럼 아주 어여쁜 소녀입니다.

그런데 찬드라의 팔은 너무 말라 금방이라도 부러질 것만 같이 가느다랗습니다. 찬드라는 그런 팔로 버겁게 아기를 안고 있습니다. 늘 하는 일인 듯 익숙해 보입니다.

비가 오는 날이면 찬드라는 한 살배기 남동생 꼬따를 안고 빌딩이나 상점 처마 밑으로 비를 피해야 합니다. 집에서 편히 있으면 될 것을 왜 힘들게 밖에 있냐고요? 찬드라에게는 편히 쉴 수 있는 집이 없기 때문

입니다.

　멋진 호텔들과 위풍당당하게 서 있는 근사한 박물관이 뒤엉킨 콜카타(옛날 이름: 캘커타) 번화가를 지나 조그마한 뒷골목으로 들어서면 찬드라네 가족이 살고 있는 길모퉁이가 보입니다. 그렇습니다. 찬드라네 가족은 집 없이 이름도 잘 모르는 길에서 살고 있는 것입니다. 담도 없고, 지붕도 없어 비가 오면 그냥 맞을 수밖에 없습니다. 더구나 동생 꼬따는 이미 한 번 폐렴으로 고생한 적이 있기 때문에 또 감기라도 걸리면 큰일입니다.

　그래서 일을 나가는 부모님 대신 누나인 찬드라가 꼬따를 데리고 비를 피해 이렇게 거리에 서 있는 것입니다. 찬드라가 살고 있는 거리에는 찬드라네 가족뿐만 아니라 수많은 사람들이 어울려 살고 있습니다. 모두 집이 없는 사람들입니다. 이렇듯 집 없이 길거리에서 살고 있는 사람들을 일컬어 '노상 생활자'라고 부릅니다. 콜카타에는 이렇게 거리에서 살고 있는 사람들이 전체 도시민 가운데 30%나 된다고 합니다. 콜카타의 전체 도시민 인구가 1100만 명 정도이니 어마어마한 숫자입니다. 노상 생활자가 무려 400만 명이나 되는 것입니다.

　노상 생활자들은 도시 외곽에 위치한 빈민촌에조차 정착할 수 없을 정도로 가난한 사람들입니다. 빈민촌에 있는 집은 집이라고 부르기에는 너무나도 허술한 움막이기는 하지만 그곳에 사는 사람들은 최소한

비를 피할 수도 있고, 정부에서 제공하는 수도 시설도 이용할 수 있습니다. 그렇지만 거리에 사는 사람들은 그렇지 못합니다.

콜카타는 외국 기자들 사이에서 '지구상 최악의 도시'로 선정되는 불명예를 안고 있는 도시이기도 합니다. 갑작스럽게 덩치가 커져버린 도시는 넘쳐나는 사람들로 여러 문제가 생깁니다. 최악의 교통 혼잡, 그리고 새벽녘에도 사라지지 않는 무겁고 어두운 스모그, 전염병의 온상이 되어 버린 오염된 물, 매년 꼬박꼬박 일어나지만 개선의 여지가 보이지 않는 홍수 등이 콜카타의 문제들입니다.

콜카타는 17세기까지는 조그마한 어촌에 불과했지만 영국의 지배를 받기 시작하면서 동인도 회사의 중심지로 인도의 수도 역할을 하며 발전하기 시작했습니다. 인도의 수도가 뉴델리로 옮겨간 이후에도 지리적인 이점을 등에 업고 동부 인도의 대표적인 상공업 도시가 되었습니다.

콜카타가 위치한 인도 동부는 기후 조건이 그다지 좋지 않습니다. 3월에서 5월까지는 40도를 넘나드는 뜨거운 공기가 도시의 매연과 뒤섞여 숨이 막히고, 6월부터 9월까지는 몬순 기간으로 우리나라의 장마 때보다 더한 장대비가 하루 종일 억수같이 퍼붓습니다. 그럴 때면 도시를 가로지르는 하우라 강은 범람하고, 하수도는 흘러 넘쳐 도시는 순식간에 물바다가 됩니다. 몬순 기간에는 발목까지 차오르는 물을 헤치며

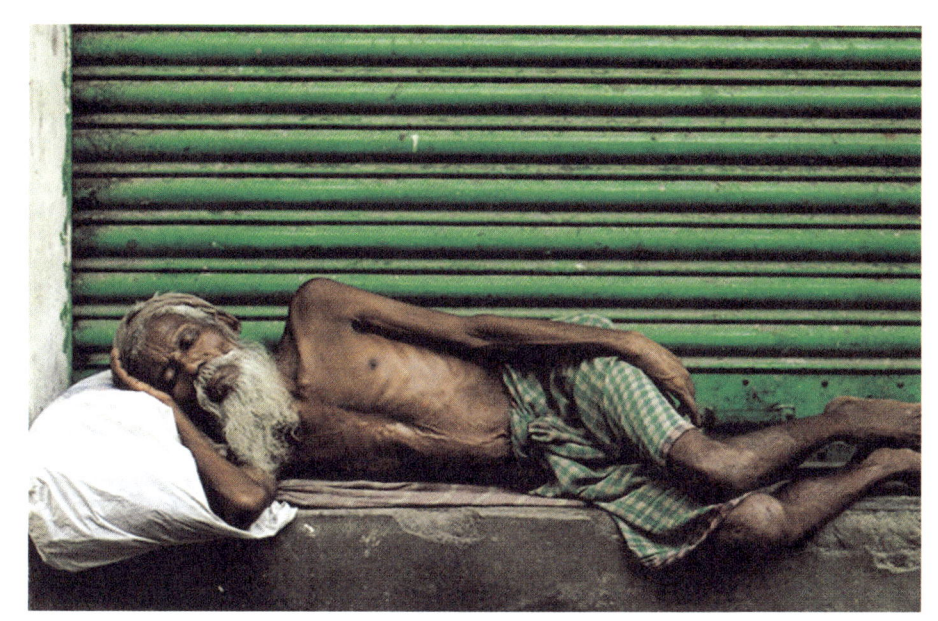
거리에서 사는 사람들은 하루하루를 살아가는 것이 아니라 버티고 있는 것입니다.

걸어 다니는 것이 예삿일입니다.

찬드라는 비라면 지긋지긋합니다. 꼬따가 비를 맞아 아프지나 않을까 날마다 전전긍긍해야 하는 것도 힘들지만 찬드라네 가족이 거리에서 살게 된 것도 바로 비 때문입니다. 찬드라네 가족은 원래 콜카타에서 남쪽으로 멀리 떨어진 작은 시골 마을에서 농사를 짓고 살았습니다. 그때는 찬드라도 학교에 다녔습니다. 작지만 찬드라네 식구들이 살기에는 아늑한 집도 있었습니다. 그런데 찬드라가 아홉 살 때 큰 홍수가 났습니다. 집에 있는 찬드라의 허리까지 물이 차서 다들 언덕으로 대피해야 했고, 미처 피하지 못한 사람들은 크게 다치거나 물에 떠내려가 죽기도 했습니다.

그리고 엉망이 되어 버린 고향 마을에서는 더 이상 농사를 지을 수가 없게 되었습니다. 먹고살 일이 막막했던 찬드라네 가족은 고향 마을 사람들과 함께 일자리를 찾아서 도시로 올라온 것입니다. 하지만 도시라고 해서 딱히 일자리를 구할 수 있는 것은 아니었습니다. 결국 찬드라네 가족은 거리에서 살게 되었습니다.

노상 생활자들은 대부분 찬드라네 가족들과 비슷한 사연을 가지고 있습니다. 홍수 때문에 집을 잃고 어쩔 수 없이 도시로 몰려온 사람들이라 몬순 기간이 오는 것이 반가울 리 없습니다. 더군다나 몬순 기간에 집도 없이 길에서 생활한다는 것은 고통 그 자체입니다.

낮에는 한산했던 거리도 밤에는 수많은 노상 생활자들로 북적거립니다. 거리로 돌아오는 노상 생활자들의 손에는 길에서 주워 모은 신문지들로 가득합니다. 마땅히 깔고 잘 요나 이불이 없기 때문에 신문지를 이불 삼아 깔고 덮어야 합니다. 돈의 여유가 생겨 담요를 살 수 있다고 하더라도 골칫거리로 전락합니다. 일하러 나가는 동안 그 담요를 둘 곳이 없기 때문입니다. 그래서 노상 생활자들은 살림살이가 거의 없습니다.

밥해 먹을 곡식을 구하는 것이 어렵기 때문에 냄비와 같은 살림도 살 필요가 없습니다. 어쩌다가 멀건 쌀죽이라도 끓여 먹게 되면, 이웃과 함께 쓰는 다 찌그러진 냄비와 커다란 쟁반을 빌려옵니다. 숟가락도 필요 없습니다. 인도에서는 손으로 밥을 먹는 것이 자연스러운 풍습이기 때문입니다.

노상 생활자에게는 겨울도 공포의 계절입니다. 더운 것은 어찌어찌 견딜 수 있지만 추위는 그렇지 않습니다. 몸에 두른 낡은 숄과 신문지밖에 덮을 것이 없는 노상 생활자들은 겨울이 두렵습니다. 인도에서는 우리나라처럼 기온이 영하로 크게 떨어지는 정도의 추위는 아니지만 종종 아이들이 얼어 죽을 정도의 찬바람이 몰아치곤 합니다. 그래서 어머니들은 행여 자신의 아이가 아침에 눈을 뜨지 못할까 봐 해가 뜨기 전부터 잠든 아이를 흔들어 깨웁니다. 밤새 얼어 죽은 것은 아닐까 너무나 걱정이 되기 때문입니다. 일어나기 싫다고 칭얼대도 어머니는 매몰차게 아이를 흔들어댑니다. 얼어 죽는 사람들은 대부분 졸린다고 말하며 잠들어 다시는 일어나지 못하기 일쑤입니다. 그래서 거리의 어머니들은 졸린다는 아이들을 필사적으로 깨우는 것입니다.

가족들뿐만 아니라 이웃들끼리도 서로 부둥켜안고 잠을 청해야 합니다. 그래도 너무 추워서 잠이 오지 않습니다. 사람들은 해가 떠있는 낮 동안 부지런히 땔감을 찾아와야 합니다. 신문이나 잡지, 거리에 떨어진 나뭇가지 따위를 잔뜩 쌓아 놓고 불을 붙입니다. 꽁꽁 얼어붙은 거리가 조금이라도 따뜻해지기를 바라는 것입니다. 그렇지만 이것도 쉽지 않습니다. 화재가 일어날 위험성이 있다는 이유로 건물 주인들이 몰려와 불을 끄기 때문입니다. 건물 주인들이 불을 끄지 않더라도 쌓아 놓은 장작더미는 자정이 조금 지나면 힘없이 스르르 꺼지고 맙니다. 오래 타는 나뭇가지보다는 쉽게 타버리는 종이 같은 쓰레기가 대부분이기 때문입니다. 콜카타 같은 대도시에서 나뭇가지를 충분히 모으기란 아주 어려운 일입니다.

몬순 기간에는 물이라면 지긋지긋하다는 생각이 들지만, 넉 달의 몬순 기간이 지나가고 나면 그때부터는 물이 귀해집니다. 그래서 노상 생활자들은 수도관 주위에 모여 삽니다. 집 없이 사는데 수도라고 있을 리가 없습니다. 거리의 수도관에 구멍을 뚫거나 소화전을 틀어 그 물을 마시고 그 물로 목욕을 합니다. 따로 목욕할 곳이 없기 때문에 남자들은 허리에 룽기라고 부르는 수건만 두른 채, 몸을 씻고 머리를 감습니다. 사람들이 지나다니면서 다 쳐다보는 그런 길거리에서 말입니다. 여자들은 씻기가 더욱 힘듭니다. 부끄러움을 많이 타는 사춘기 소녀들은 어둠을 틈타 몰래 씻기도 하고, 그마저 민망하게 생각하는 여자들은 아예 씻는 것을 포기합니다.

몰래 씻는 소녀들도 옷을 입은 채로 씻습니다. 한 벌뿐인 옷이 젖으면 그대로 입고 덜덜 떨면서 말려야 합니다. 그래서 날이 추워지면 쉽게 감기에 걸립니다. 거리에서 생활하는 사람들은 영양 상태가 너무나 부실해서 감기 같은 작은 질병에도 쉽게 죽을 수 있기 때문에, 병이 두려운 이들은 씻는 것조차 무서워합니다. 그래서 노상 생활자들의 모습은 차마 눈뜨고 보기 어려울 정도로 처참합니다. 머리는 까치집이고 이가 득실댑니다. 몸에는 언제 생겼는지조차 짐작할 수 없는 크고 작은 상처와 딱지 투성이입니다.

찬드라의 모습도 그렇습니다. 이와 벼룩이 가득한 부스스한 머리와 때에 절어 회색으로 변해 버린 원피스 틈으로 고운 찬드라의 얼굴을 알아보기란 쉬운 일이 아닙니다.

비가 오지 않을 때면 찬드라는 거리 아이들과 어울려 구걸을 합니다. 남자 아이들은 구걸 대신 장사를 하기도 합니다. 하루에도 수십만 명의 사람들이 오가는 거대한 콜카타 기차역에서 구두를 닦는 일을 하기도 합니다. 한 번 구두를 닦아 주고 받는 돈은 2루피(30원)입니다. 구두를 닦으라고 매달리다 양복을 빼입은 신사에게 발길로 걷어차이기도 하고, 키 크고 나이 많은 형들이 와서 자기의 구역이라며 내쫓기도 하지만, 구걸이 싫은 아이들은 기어코 구두통을 들고 오늘도 역으로 향합니다.

역 주변에 버려진 빈 페트병을 주워, 생수가 아닌 수돗물을 채우고 뚜껑을 닫아 가게에서 파는 생수인 양, 천연덕스럽게 외국인 관광객들에게 파는 아이들도 있습니다. 현지 사람들은 속아 주지 않기 때문에 인도 사정에 어두운 관광객들에게 파는 것입니다. 아이들은 이런 행동이 나쁘다고 생각하지 않습니다. 이 아이들에게는 생존이 달려 있는 문제이니까요.

구두통을 들거나 페트병을 모으는 것은 남자 아이들의 몫이어서 찬드라와 같은 여자 아이들은 구걸을 하는 수밖에 없습니다. 구걸의 대상은 찬드라가 살고 있는 거리에서 가까운 박물관 주변의 외국인 관광객들입니다. 큰 키에 커다란 카메라를 목에 걸고 말쑥한 차림새를 한 관광객들은 찬드라와 같은 아이들을 보면 기겁을 합니다. 지저분한 모습의 아이들이 떼로 몰려다니기 때문입니다.

"1루피! 1루피!"

"아이 엠 헝그리!"

"노 파파, 노 마마!"

어린 아이들은 물이 든 무거운 페트병을 들고 물을 사 줄 사람을 찾으러 다닙니다.

동정심이 많은 관광객을 만나면 엄마 아빠가 하루에 벌어 오는 돈보다 훨씬 더 많이 벌 수도 있습니다. 인도인들은 1루피(15원) 정도의 잔돈을 주지만 관광객들은 20루피, 30루피 때로는 1달러(65루피)나 심지어 5달러(325루피)를 주기도 하니까요. 그런 날은 정말 신이 납니다.

돈 대신 공부할 때 쓰라며 볼펜을 주는 관광객들도 있습니다. 볼펜을 받으면 시장에 내다 팔 수 있습니다. 외제 볼펜은 품질이 좋아서 한 자루당 2루피에서 5루피까지 받을 수 있기 때문입니다. 그래서 돈을 주지 않는 관광객들에게는 볼펜을 달라고 조릅니다.

찬드라는 구걸을 할 때 꼬따를 안고 나가기도 합니다. 딱히 동생을 돌봐 줄 사람도 없는데다가 꼬따를 안고 나가면 좀 더 동정심을 자극할 수 있기 때문입니다. 관광객들은 꼬따가 힘 없이 늘어져 있는 모습을 보면 그냥 지나치지 않고 동전이라도 쥐어 줍니다. 그럴 때면 찬드라는 동생에게 고맙다는 생각마저 듭니다. 찬드라처럼 데리고 나갈 동생이 없는 아이들은 유난히 키가 큰 서양 관광객들의 다리에 무작정 매달리기도 합니다.

더럽고 지저분하며 이가 득실대는 거지 아이가 자신의 몸에 손을 대는 것을 끔찍하게만 느끼는 관광객들이 커다랗게 비명을 지르고는 얼른 떨어지라고 돈을 주기 때문입니다. 때로는 돈 대신 매를 맞기도 하지만 말입니다. 그래도 아이들은 구걸을 할 수밖에 없습니다. 배가 고프니까요. 오랫동안 굶어 구걸도 하기 힘든 아이들은 거리에 주저앉아 퀭한 눈을 치뜨며 조그맣게 중얼거립니다.

"박쉬쉬…… 박쉬쉬……."

이곳 인도에서는 적선을 하는 행위를 '박쉬쉬'라고 합니다. 그래서 아이들은 배가 고프다거나 부모가 없다고 외치는 대신 '박쉬쉬'라고만 중얼거리기도 합니다. 관광객들을 쫓아다니거나 커다랗게 소리칠 기운이 없는 아이들이 그렇게 합니다.

인도에서 '박쉬쉬'는 당연한 행위로 생각합니다. 아이들은 구걸을 하는 것을 부끄러워하지 않습니다. 아니, 부끄럽다는 감정을 느낄 여유조

차 없습니다.

　사람이 죽고 나면 그 영혼이 다시 또 다른 사람으로 태어난다는 '윤회'를 믿는 인도 사람들은 가난하게 태어난 자신의 처지를 비관하지 않고 착하게 살면 다음 생애에 부자로 태어날 수 있다고 생각합니다. 반면, 부자로 태어난 사람들은 살아가는 동안 가난한 사람들에게 자선을 많이 베풀고 좋은 일을 많이 해야만 다음번에도 지금처럼 부자로 태어날 수 있다고 믿습니다.

　그래서 구걸하는 아이들은 당당합니다. 자신들이 비참하게 태어나 구걸을 한다기보다는 오히려 많이 가진 사람들에게 선행을 베풀 기회를 주는 것이라고 여기기 때문입니다. 아이들을 구걸로 내모는 부모들 역시 아무런 죄책감을 느끼지 않습니다. 가난한 부모 밑에 태어난 것도 다 자신의 운명이고 지난 생에서 악행을 일삼은 결과라고 믿으니까요.

　땟국물이 줄줄 흐르는 아이들이라 해도 미소는 천사처럼 해맑기만 합니다. 이 아이들에게 정말 죄가 있는 것일까요? 인도 사람들이 믿는 것처럼 전생에서 많은 죄를 지었기 때문에 이렇듯 가난하고 비참하게 태어난 것일까요? 죄를 지었다면 얼마나 무섭고 무거운 죄를 지었기에 한참 뛰어놀고 공부하고 자라야 할 어린 나이에 굶주리고 보호받지 못한 채 거리로 내몰리고 있는 것일까요? 인도 사람들이 믿고 있는 신을 만날 수 있다면 물어보고 싶습니다.

비가 잠시 그쳤습니다. 하늘이 빨갛게 물들어 옵니다. 공사장에서 벽돌 나르는 일을 하는 찬드라의 부모님도 노을과 함께 거리로 돌아옵니다. 당장 앉아서 쉬고 싶지만 그럴 수 없습니다. 아직까지는 거리에 사람들이 많이 오고 가기 때문입니다. 해가 완전히 져서 바로 옆에 서 있는 사람의 옷 색깔도 구분하지 못할 정도로 캄캄해지고 나면, 비로소 자리를 펴고 앉아 쉴 수 있습니다. 해가 떠 있을 때에는 사람들의 통행을 방해한다는 이유로 거리에서 앉아 있을 수 없기 때문입니다.

찬드라의 부모님이 하루 종일 벽돌을 나르고 받는 임금은 하루에 20루피. 우리 돈으로 330원입니다. 이 돈으로는 네 식구가 충분히 먹을 수 있는 식량을 살 수 없습니다. 그래서 찬드라는 굶기 일쑤입니다. 찬드라는 눈을 커다랗게 뜨고 이렇게 속삭입니다.

"저는 큰 아이라서 조금 굶어도 괜찮아요. 그런데 동생 꼬따는 어떡하지요?"

꼬따는 거리에서 태어났습니다. 꼬따가 태어날 때에도 돈이 없어 병원에 갈 수 없었던 엄마는 그냥 길에서 꼬따를 낳아야 했습니다. 탯줄을 잘못 잘라내는 바람에 꼬따의 배꼽은 호두알처럼 크게 부풀어 있습니다. 병균이 옮아 죽지 않은 것만 해도 다행입니다. 잘 먹지 못한 엄마는 꼬따를 낳고도 젖이 나오지 않았습니다. 분유를 살 돈도 없었습니다. 그래서 꼬따는 묽은 미음을 먹고 자라야 했습니다. 그것조차 충분하지 않았기 때문에 꼬따는 또래의 아이들보다 너무나 작습니다. 걸을 때가 지났는데도 심각한 영양실조로 걷지도 못합니다.

찬드라의 팔 안에 축 처진 채 힘없이 팔다리가 흔들립니다. 멍하니 허공을 바라보는 눈동자에는 초점이 없습니다.

엄마는 말을 한마디도 못하는 꼬따가 걱정스럽습니다. 말할 기운이 없는 것인지, 아니면 영양실조로 인해 성장이 늦어서 그런 것인지 알 수가 없습니다.

찬드라에게는 쌍둥이 동생이 있었습니다. 락쉬미와 굴랍입니다. 3년 전 홍수로 집을 잃고 이곳으로 오면서 동생들도 같이 왔습니다. 그런데 그 이듬해 몬순 기간에, 종일 퍼붓는 폭우를 미처 피할 곳을 찾지 못했던 동생들은 그만 감기에 걸리고 말았습니다. 열이 오르고 기침을 심하게 했습니다. 사람들은 폐렴이라고 수군거렸습니다. 몸을 말리고 약을 먹여야 했지만 집이 없는 찬드라네는 비를 피해 쌍둥이를 눕히고 간호할 곳이 없었습니다. 우리 돈으로 약 500원이면 맞힐 수 있는 주사를 놓아줄 수도 없었습니다.

왜냐구요? 몬순 기간에는 비 때문에 공사장 일도 거의 없고 관광객들도 줄어 구걸을 나갈 수도 없으니까요. 쌍둥이는 사흘 만에 숨을 거두었습니다. 사흘 동안 먹지도, 주사를 맞지도, 제대로 간호를 받지도 못했습니다. 엄마가 사흘 동안 할 수 있었던 일이라곤 쌍둥이를 안고

꼬따는 길에서 태어나 길에서 자라고 있습니다. 따뜻한 우유를 한 번도 먹어 보지 못했습니다.

이 집 저 집 처마 밑으로 비를 피하러 다닌 것과 신에게 간절히 기도하는 것이 전부였습니다.

미신을 믿는 이곳 사람들은 락쉬미와 굴랍의 이름 때문에 마귀가 아이들을 잡아간 것이라고 말합니다. 락쉬미는 인도에서 가장 아름다운 여신의 이름이고 굴랍은 장미라는 뜻입니다. 아이들이 너무나 예쁘게 생긴데다, 이름까지 거창하기 때문에 마귀 눈에 너무 잘 띄어서 잡아가 버린 것이라고 그렇게 말합니다.

락쉬미와 굴랍이 죽은 다음 태어난 동생의 이름이 그래서 꼬따입니다. 꼬따는 당나귀라는 뜻입니다. 쌍둥이 언니들처럼 마귀에게 잡혀갈까 봐 두려워 일부러 천한 이름을 지어 준 것입니다. 이름을 그렇게 지으면 정말 마귀가 잡아가지 않을까요? 먹을 것이 없어 말할 기운조차 없는 아이도 이름만 천하게 지어 주면 죽음이라는 마귀를 피해 갈 수 있는 것일까요? 정말 그럴까요? 정말 그랬으면 좋겠습니다. 이름만 바꾸면 죽음이라는 마귀도 피하고, 먹을 것이 생기고, 학교에도 가고, 더 이상 비를 피하러 거리를 헤매고 다니지 않아도 되고, 평생 다시는 배고픔의 고통을 겪지 않아도 된다면, 수십 수백 번이라도 이름을 바꾸면 될 것 같습니다.

인도 정부에서는 도시에 위치한 빈민촌을 도시 외곽으로 이주시키는 정책을 적극적으로 펴고 있습니다. 도시 미관을 해치고 범죄와 전염병의 소굴이 된다는 이유 때문입니다. 빈민촌 사람들을 도시 바깥으로 쫓아내는 것입니다. 그래도 그곳 사람들은 정부의 지원을 받을 수 있습니다. 수도와 전기를 공급받고, 보건소에서 사람이 나와 전염병 예방 주사를 놔주기도 합니다. 그러나 노상 생활자들은 아무런 혜택을 받을 수 없습니다. 때로 비정부기구(NGO)에서 음식이나 약을 나누어 주는 봉사 활동을 벌이기도 하지만 워낙 숫자도 많고 사는 곳이 일정치 않은 사람들이라 실태를 파악하기 힘들어 체계적인 도움을 주기가 어렵습니다.

찬드라와 같은 아이들은 점점 줄어드는 것이 아니라 오히려 해가 갈수록 늘어만 갑니다. 또 한 번의 몬순 기간이 끝나면 또 다른 찬드라네가 이곳 콜카타로 이주해 오는 것입니다. 거리로 말입니다.

또다시 비가 내립니다. 잠을 자던 사람들은 주섬주섬 일어나 비를 피할 수 있는 곳을 찾아 하나둘씩 사라집니다. 어두운 밤에 어디에서 비를 그을 수 있을지 모르겠습니다.

찬드라네 가족도 일어납니다. 옆에서 자고 있던 같은 고향 출신인 쿠산 아주머니는 일어나 앉아 있을 뿐 비를 피할 곳을 찾아 갈 생각이 없어 보입니다. 아주머니는 병에 걸렸습니다. 아주머니의 남편은 작년에 콜레라로 죽었습니다. 두 살 먹은 쿠산 아주머니의 딸, 인드라도 일주일째 별 다른 먹을 것을 먹지 못해 힘없이 늘어져 있습니다. 병이 든 아주머니는 일을 할 수 없기 때문에 길을 가던 행인들이 던져 주는 푼돈이 벌이의 전부입니다.

돈이 생겨도 아주머니는 먹을 것을 사러 갈 만한 기운도 없습니다. 그래서 찬드라가 대신 사다 주곤 합니다.

엄마 품에 안겨서 꼼짝없이 내리는 비를 고스란히 맞고 있는 인드라. 쿠산 아주머니와 인드라는 저승사자가 저 길 모퉁이에 이미 두 사람을 데리러 와 있다는 것을 알고 있습니다. 하지만 두 사람에게는 피할 방법이 없습니다. 거리에서는 늘 일어나는 일입니다. 시도 때도 없이 나타나는 저승사자에게 무감각해진 사람들은 무심하고 멍한 눈길로 쿠산 아주머니를 한 번 바라보고는 추적추적 빗속으로 사라집니다.

콜카타뿐 아니라 인도 전역에서 이렇듯 집 없이 길거리에서 사는 아이들은 무려 수백만 명에 달한다고 합니다. 워낙 인구가 많은 인도인지라 정확한 통계도 낼 수 없습니다. 길거리에서 태어나고 어이없이 죽어 가는 아이들이 너무나 많기 때문에 어른들은 출생신고도 하지 않습니다. 언제 아이가 죽을지 모르기 때문입니다. 그래서 자신의 나이도 잘 모르는 아이들이 대부분입니다.

이 아이들에게 살 집을 지어 주고, 깨끗한 마실 물과 맛있는 음식을 주고, 공부할 학교를 줄 방법이 없을까요? 전래 동화에 나오는 도깨비 방망이가 있다면 꼭 이 아이들에게 보내 주고 싶습니다.

세상 가장 낮은 곳에 자신을 내려놓은 마더 테레사 수녀

마더 테레사 수녀를 모르는 사람은 없을 것입니다. 사랑과 봉사 정신을 실천한 대표적인 이름이지요. 세상의 가장 낮은 곳에서 가장 가난한 사람들을 위해 평생을 살았던 마더 테레사 수녀가 활동한 곳이 바로 콜카타입니다. 마더 테레사 수녀는 1950년 콜카타에 '사랑의 선교회'를 만들어 가난한 사람들을 위한 무료 병원과 학교 등을 세웠습니다. 마더 테레사 수녀가 남긴 말입니다.

"지금 세상에서 가장 큰 병은 나병이나 암, 폐결핵이 아니라 자신이 버림받고 있다는 생각일 것입니다. 가난한 사람이 있는 곳이라면 달이라도 찾아갈 것입니다."

스마트폰으로 QR코드를 찍어보세요.
마더 테레사 수녀에 대한 정보를 볼 수 있답니다.

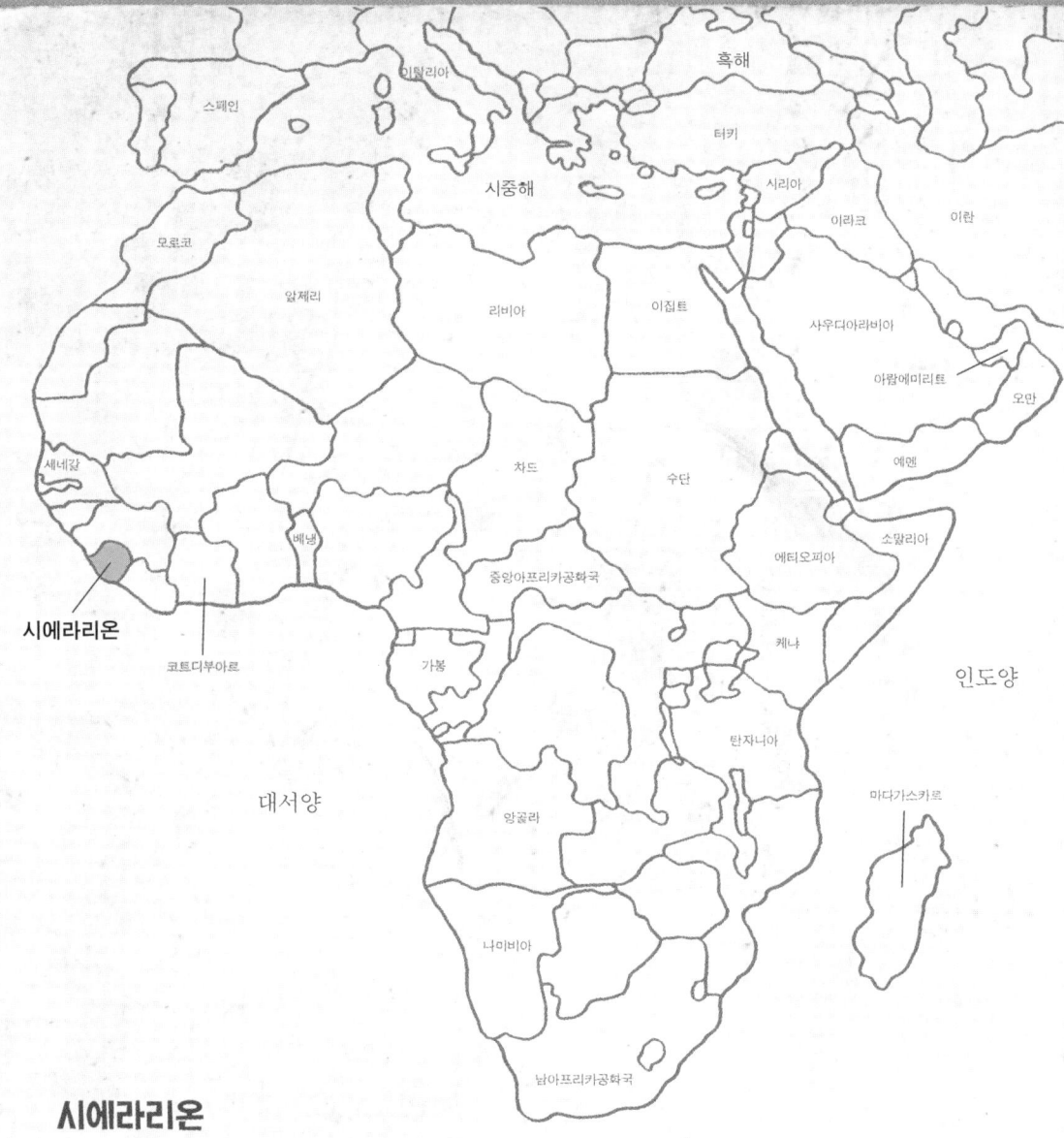

시에라리온

위치 _ 아프리카 서부 해안
인구 _ 596만 명(2008년 추계)
수도 _ 프리타운(freetown)
언어 _ 영어
민족 구성 _ 템네 족, 멘데 족, 크리올 족 등
종교 _ 이슬람 60%, 기독교 10%, 토속신앙 30%

시에라리온에서는 반군과 서 아프리카 연합 평화유지군(ECOMOG) 간에 다이아몬드를 둘러싼 분쟁이 끊임없이 일어나고 있습니다. 전쟁과 쿠데타로 인해 많은 사람들이 죽고 다쳤습니다. 내전으로 인한 난민의 수가 인구의 절반 가량인 200만 명이나 됩니다. 2002년 내전은 끝났지만 아직도 언제 다시 내전이 일어날지 모릅니다. 전쟁으로 20만 명 이상이 사망한 것으로 조사됐고, 반군들의 무자비한 테러로 많은 사람들이 손목이나 발목이 잘려 여러 비정부기구(NGO)의 도움으로 근근이 살아가고 있습니다.

* 소년병 사진 제공 - 국제구호개발기구 월드비전

소년병
피바람의 이야기

소년병 피바람

　모하메드가 소년병이 된 것은 1997년, 여덟 살 때였습니다. 모하메드는 엄마, 아빠와 함께 점심을 먹고 있었습니다. 그런데 갑자기 커다란 폭발 소리가 들리고 총소리가 마구 나기 시작했습니다. 반군이 쳐들어온 것입니다. 부모님은 모하메드를 얼른 옷장 속에 숨겼습니다. 한참 지나고 총소리가 조금 잦아들었습니다. 모하메드는 아직 숨도 크게 쉬지 못하고 있었습니다. 이윽고 탁탁탁! 집 안으로 들어오는 발자국 소리가 들렸습니다.

　그리고 잠시 조용했다가 비명 소리와 총소리가 들렸습니다. 부모님이 살해된 것입니다. 겁에 질려 울 수도 없었던 모하메드는 집 안을 뒤지는 반군들에게 결국 들키고 말았습니다.

　모하메드를 잡은 반군은 열네 살 정도 되어 보이는 소년병이었습니다. 모하메드를 보자마자 집 안에 먹을 것이 있냐고 물었습니다. 사흘 동안 아무것도 먹지 못했다는 것입니다. 허겁지겁 빵을 먹어 치운 반군은 보기에도 무시무시한 총을 들이대면서 물었습니다.

"우리랑 같이 갈래, 아니면 지금 죽을래?"

모하메드는 겁에 질려 이렇게 대답했습니다.

"알았어요. 무엇이든 할 테니 제발 죽이지만 말아 주세요".

그래서 모하메드는 반군과 함께 가게 되었습니다. 살고 있는 곳에서 150Km 떨어진 '코노'까지 꼬박 일주일을 맨발로 걸어갔습니다. 무거운 박격포를 운반하면서요. 모하메드보다 나이가 어린 작은 아이들은 AK-47 소총을 날랐습니다. 걷는 동안 조금이라도 뒤처지거나 무기를 떨어뜨린 아이들은 그 즉시 반군의 총에 맞아 죽었습니다. 매일 다른 아이들이 죽는 것을 보면서 모하메드는 점점 죽음에 무감각해졌습니다.

　모하메드는 앞으로 어떻게 될까요? 이 모든 일은 서아프리카에 있는 시에라리온에서 일어난 일입니다. 반군은 시에라리온 정부에 대항해서 만들어진 군대입니다. 시에라리온은 아마 거의 들어보지 못한 나라일 것입니다. 아프리카 대륙의 서쪽에는 세네갈과 기니 등의 나라가 있는데 시에라리온은 기니 근처에 있는 작은 나라로 인구는 약 600만 명

정도입니다. 서울 인구의 반 정도가 살고 있는 나라입니다.

  이렇게 작은 나라임에도 불구하고 세계 1등을 차지하고 있는 기록들이 있습니다. 아쉽게도 좋은 쪽이 아니라 나쁜 쪽입니다. 예를 들자면, 평균 수명이 47.6세로 세계에서 가장 짧습니다. 전 세계 사람의 평균 수명이 65세인 것과 비교하면 겨우 절반에 불과합니다. 또 영아(생후 18개월 미만의 아기) 사망률 세계 1위, 5세 미만의 유아 사망률 세계 1위, 임산부 사망률 세계 1위 등 최악의 기록이란 기록은 다 가지고 있습니다.

얼마 전, 미국의 공습으로 널리 알려진 아프가니스탄의 상황보다 더 심각하다고 합니다. 모두 오랜 전쟁 탓입니다.

전쟁은 시에라리온의 북동쪽에 잔뜩 묻혀 있는 다이아몬드 때문에 시작됐습니다. 다이아몬드는 사람들이 가장 좋아하는 비싸고 귀한 보석입니다. 만일 나라에서 다이아몬드가 난다면 보석을 원하는 다른 나라에게 비싸게 팔아 금방 부자가 될 것 같지만, 이곳 시에라리온의 다이아몬드는 돈 대신 전쟁을 불러왔습니다. 이웃 나라 라이베리아의 대통령이 다이아몬드에 욕심을 내서 전쟁을 일으킨 것입니다.

그런데 라이베리아의 대통령은 직접 군대를 이끌고 쳐들어가는 대신 다른 교활한 꾀를 내었습니다. 공식적으로 전쟁을 일으키면 국제 사회에서 가만히 두고 보지 않을 것이기 때문입니다. 그래서 라이베리아 군대를 시에라리온의 반군으로 둔갑시킨다는 계획을 세운 것입니다.

"부패한 정부는 물러가라! 뇌물만 밝히는 관리들도 물러가라!"

"우리의 힘으로 새로운 정부를 만들자!"

이렇게 시에라리온 사람들을 부추겨 반군을 만들고 내전(다른 나라와 싸우는 것이 아닌 국내에서 서로 편을 갈라 벌어진 전쟁)을 일으켰습니다. 그리고는 반군을 조종해 다이아몬드 광산을 점령하게 한 다음 자신이 다이아몬드 광산을 차지해 버린 것입니다. 반군의 지도자 포데이 산코가 라이베리아 대통령과 손을 잡고 극악한 일들을 저지르기 시작했습니다.

라이베리아 대통령의 술수로 만들어진 반군을 RUF(혁명통일전선)라고 합니다. 처음에는 반군이 계속 승리했습니다. 라이베리아 대통령이 몰래 지원해 주는 충분한 무기와 식량, 그리고 라이베리아 군대까지 합세하여 시에라리온 전체를 거의 점령했던 것입니다. 정부군이 방어하고 있는 곳은 오직 수도인 프리타운뿐이었습니다. 그리고 더 이상 나라를 지킬 수 없었던 시에라리온 대통령은 국제연합(UN)에 긴급히 구원을 요청합니다. 국제연합(UN)이 한국전쟁 당시 우리나라를 도왔듯이 국제연합(UN)군을 파견하여 시에라리온 정부군을 도왔습니다.

　전쟁은 누구에게나 커다란 상처와 고통을 가져오지만 시에라리온에서 벌어진 내전은 특히 이곳에 살고 있는 어린이들을 죽음보다 더한 고통으로 몰아넣었습니다. 반군에게 잡혀가 억지로 총을 들어야만 했던 수많은 시에라리온 소년병들의 이야기는 차마 귀담아 듣기 끔찍하고 믿을 수 없을 만큼 참혹합니다.

　반군은 숲 속 깊이 기지를 만들고 아이들을 훈련시켰습니다. 훈련받는 아이들은 모두 모하메드처럼 잡혀 온 아이들입니다. 총, 수류탄, 대포 등 살상 무기를 다루는 법을 배우는 것입니다.

　사람을 어떻게 죽이는지 배우는 것도 끔찍하고 무섭기 짝이 없지만 그보다 더 무서운 것은 아이들에게 행해지는 세뇌 교육입니다. 훈련을 받는 동안 반군의 장교는 이렇게 가르쳤습니다. 너희를 지배하고 있던

소년병 생활을 했던 한 소년이 전쟁에 대한 끔찍한 기억을 지우기 위해 가짜 총으로 재활 교육을 받고 있는 모습.

정부군들은 아주 아주 나쁜 사람들이고 그 정부군을 위해 일하거나 정부군 밑에서 아무런 저항도 하지 않고 사는 사람들도 모두 그에 못지않게 나쁜 사람들이라고 말입니다. 그렇기 때문에 이 나쁜 사람들을 반드시 물리쳐야 한다고 교육시켰습니다.

나쁜 사람들은 인간 취급을 해줄 가치도 없기 때문에 죽이는 것에 대해 아무런 죄책감을 가질 필요도 없으며 오히려 가장 많이 죽이는 사람은 영웅이 될 것이라고 가르쳤습니다. 이 사람들을 어서 빨리 없애지 않으면 오히려 나쁜 사람 손에 네가 죽고 말 것이라고요.

이렇게 한동안 세뇌 교육을 받다보면 반군의 말이 정말 사실이라고 믿게 됩니다. 잡혀온 아이들은 나이가 너무 어려서 판단 능력이 없기 때문입니다.

게다가 반군들은 아이들에게 먹을 것 대신 술과 담배 그리고 마약을 줬습니다. 정신을 몽롱하게 만들고 판단력을 흐리게 하여 사람을 죽이는 살인 기계로 만들기 위해서입니다. 아이들에게 지급되는 마약은 주로 마리화나나 코카인입니다.

아이들은 부모님도 고향도 심지어 자신의 이름까지 잊도록 강요받았습니다. 아이들의 이름은 모두 잔학한 별명으로 바뀌어 불리게 됐습니다. 예를 들자면 '킬러', '도끼날', '쌍칼', '망나니' 따위입니다. 모하메드의 별명은 '피바람'으로 정해졌습니다. 별명을 지어준 반군 사령

관은 별명에 걸맞는 화려한 전투 경력을 가지기를 바란다며 잔인한 웃음을 흘렸습니다. 겨우 3주간의 훈련이 끝나자 모하메드는 다른 아이들과 함께 곧바로 전투에 투입됐습니다.

어른들만큼 빨리 달리지도 못하고 무거운 AK-47 소총을 제대로 들지도 못하는 어린 소년병들은 전쟁터에서 수도 없이 죽어 갔습니다. 반군과 전투를 벌이는 ECOMOC(서아프리카 연합 평화유지군 : 정부군과 UN의 연합군)의 폭격기는 아이들을 피해서 폭격을 하지 않습니다. 총알은 사람을 가리지 않으니까요. 아니, 그럴 수도 없습니다. 반군들은 전투가 가장 치열한 최전방에 소년병들을 내세웠습니다. 아이들을 총알받이로 생각하는 것입니다.

소년병들 중에는 불과 다섯 살밖에 되지 않은 아주 어린 아이들도 있습니다. 한 달 전만 해도 천진난만하게 부모님 품에서 어리광을 피우던 아이들에게 갑자기 총을 쥐어 주고 전투를 치르라고 하는 것은 말이 되지 않습니다. 반군들도 그 사실을 잘 알고 있습니다. 그렇기 때문에 아이들에게 세뇌 교육을 시키고 마약을 주사하는 것입니다.

마약과 술에 취한 아이들은 겁이 없어지고 귀를 찢는 총소리에 점점 흥분하며 미쳐가게 됩니다. 포탄에 팔다리가 잘려나가도 약 기운 때문에 아무런 고통도 느끼지 못하고 계속하여 총을 휘두릅니다. 반군들이 원하는 대로 전쟁 살인 기계가 되는 것입니다. 선과 악의 구별이 없어지고 살인 자체를 즐기는 악마가 되어 버립니다. 그렇게 소년병들은 점점 그들의 인간성을 잃어갔습니다. 사람을 죽이고, 마을을 불태우고, 여자들을 폭행하는 잔혹한 일들을 아무렇지도 않게 즐기는 것입니다. 모하메드는 이렇게 회고했습니다.

"전투가 시작되기 전 머리에 코카인을 맞아요. 그러면 눈앞에 환각이 보이고, 사람들이 막 벌레처럼 꿈틀거리는 것 같아요. 그래서 벌레를 죽여야겠다는 생각밖에는 들지 않아요. 벌레를 어서 빨리 죽이지 않으면 내 몸에 징그럽게 달라붙어 떨어지지 않을 것만 같거든요."

또 다른 소년병 카줄루는 이런 말도 들려주었습니다.

"마약을 하고 총을 들면 굉장히 기분이 좋아져요. 사람들이 모두 내 말을 잘 듣거든요. 내가 마치 람보나 코만도 같은 영화 주인공이 된 것 같아요. 사람을 죽인다기보다는 게임을 하는 것 같고요."

소년병들의 잔인함은 상상을 초월합니다. 이성이라는 것이 아예 존재하지도 않고 동정심도 없을뿐더러, 두 번 생각하지도 않으니까요. 이성이나 동정심, 선과 악을 구별하는 법을 배우기도 전에 군대에 끌려와서 사람을 죽이는 것만이 옳은 일이고 자신의 생명을 유지할 수 있는 유일한 방법이라고 교육받았으니까요.

소년병들은 마을을 습격해 사람들을 집에 가둔 채로 불을 지르는가 하면 일가족 전부를 눈 깜짝할 사이에 쏘아 죽입니다. 모두 반군이나

정부군과는 아무런 상관없는 죄 없는 민간인들입니다.

　마을을 습격할 때에는 눈에 보이는 사람들을 모두 죽이거나 장애인으로 만들고, 또 다른 소년병을 만들기 위해 어린아이들을 잡아갑니다. 한 가족을 모두 끌어내어 마당에 꿇어앉히고는 먼저 남자 어른을 처치합니다. 남자 어른들은 소년병으로 끌고 갈 수 없는 쓸모 없는 존재이니까요. 그리고는 그 집 아이에게 엄마를 죽이라고 다그칩니다. 엄마를 죽이면 너는 살려주겠다고요. 아이가 겁에 질려 거부하면 망설임 없이 총을 쏘아 죽입니다. 똑같은 질문을 다른 아이에게도 던집니다. 아이는 겁에 질려 엉겁결에 부모나 형제자매를 쏘아 죽이기도 합니다. 그리고 나면 소년병들은 낄낄거리며 그 아이를 또 다른 소년병으로 만들기 위해 잡아갑니다.

자신의 고향 마을을 습격하게 되는 소년병들도 있습니다. 이 아이들은 약에 취한 채, 자신의 부모도 몰라보고 서슴지 않고 총칼을 휘두릅니다. 엄마는 아이의 이름을 애처롭게 부르며 아들의 손에 죽어갑니다. 엄마가 아무리 아들의 이름을 소리쳐 불러도 소년병의 귀에는 아무것도 들리지 않습니다.

이 아이들에게 보이는 세상은 우리가 보는 그것과는 다릅니다. 마약 중독으로 이미 다른 세계의 사람이 되어 버렸기 때문입니다. 이 아이들이 사는 세계에는 오직 술, 담배, 마약, 폭행, 살인, 약탈만이 존재하고 있을 따름입니다.

소년병들은 인간을 인간으로 보지 않고 개나 돼지 같은 동물이나 하찮은 벌레로 생각하도록 교육받습니다. 그리고 술과 마약에 절어 사방으로 포탄이 날아들고 피와 살점이 튀는 살벌한 전쟁터를 전전하다 보면 저절로 미쳐 버릴 수밖에 없습니다.

사람이 반드시 총칼로 인해 죽는 것만은 아닙니다. 사람이 사람으로서 살아갈 수 없을 때, 인간이 인간이기를 포기할 때, 이미 그 사람은 죽은 것이나 다름없는 것입니다.

시에라리온의 소년병들은 이미 죽은 것입니다.

모하메드도 죽었습니다. 이 세상에 모하메드는 없습니다. 여덟 살 천진난만한 모하메드는 사라지고, 대신 이름도 무시무시한 피바람만 남았습니다. 여리고 고운 마음씨를 지녔던 모하메드는 오간 데 없고 가는 곳마다 이름처럼 피바람을 불러일으키는 반군 소년병 피바람만이 존재할 뿐입니다.

약에 취해 늘 몽롱한 눈빛의 피바람은 소년병 중에서도 가장 잔혹하다는 평가를 받게 되었습니다. 마을에서 잡혀온 뒤 고작 8개월 만에 피바람은 많은 소년병들의 부대장이 되었습니다. 전투가 일어날 때마다 피바람이 앞장서서 적군과 민간인들을 무차별적으로 쏘아 죽였기 때문이기도 하지만 다른 소년병들이 너무나 어이없이 죽었기 때문이기도 합니다. 비슷한 시기에 잡혀온 아이들 중 이제는 피바람만이 살아남아 있을 따름입니다.

반군은 소년병들의 목숨도 그 아이들이 쉽게 살해하는 민간인들만큼이나 가치 없게 여깁니다. 반군들은 소년병들에게 끊임없이 마약을 줍니다. 처음 몇 달 동안은 반군들이 억지로 마약을 주지만 일단 중독되고 나면 아이들은 마약을 받기 위해서라도 총을 들게 됩니다.

아이들은 자기가 스스로 마약 주사를 놓기도 하는데 혹시라도 잘못하여 너무 많이 주사하게 되면 쇼크로 사망할 수도 있습니다. 입에 거품을 물고 눈꺼풀은 뒤집어져 흰자위가 다 드러난 채 온몸에 경련을 일으키며 순식간에 죽는 것입니다.

다 함께 돌려쓰는 주사기도 문제입니다. 소독도 하지 않고 여러 번 사용하는 주사기 때문에 아이들은 쉽사리 에이즈나 말라리아 같은 무서운 질병에 감염됩니다.

댕기열, 황열병 등 우리에게는 이름조차 잘 알려져 있지 않은 병에 걸려 힘없이 쓰러지기도 합니다. 뿐만 아닙니다. 반군의 은신처인 숲에서 생활하는 아이들은 숲 속에 살고 있는 많은 종류의 위험한 동물들에게 무방비로 노출되어 있습니다. 뱀이나 독거미에게 물리면 어찌 손써 볼 사이도 없이 죽고 마는 것입니다. 전투 중에 부상을 당하는 것은 곧 죽는 것과 마찬가지입니다. 이 나라에는 의사나 간호사가 없습니다. 오랜 내전 때문에 의사나 간호사들은 모두 다른 나라로 도망치거나 미처 도망치지 못한 의사들은 반군이나 정부군에게 살해당했기 때문입니다. 그래서 치료만 잘 받으면 나을 수 있는 부상을 입어도 상처가 곪고 썩어 들어가 결국에는 죽게 됩니다. 반군들은 부상을 입은 소년병들을 그 자리에서 쏘아 죽입니다. 그냥 버리고 가면 정부군에게 잡혀가 반군의 은신처나 다음 공격 목표 지점 같은 정보를 알려 줄 수도 있다고 생각하기 때문입니다.

반군은 소년병들에게 정부군이나 민간인들을 벌레처럼 여기도록 가르치지만, 정작 반군에게 있어서는 소년병 또한 벌레나 다름없는 소모

품에 불과한 것입니다.

  이렇듯 무의미하게 생명을 잃고 있는 소년병들의 이야기는 96년과 97년에 벌어진 극악무도한 '전멸 작전'으로 인해 전 세계에 널리 알려지게 되었습니다. '전멸 작전'이란 반군의 손에 의하여 시에라리온의 무고한 시민들이 무차별적으로 살해되고 장애인이 된 사건입니다.

  반군들은 마약에 취한 어린 소년병들을 앞세워 매일 새로운 마을을 습격했습니다. 집들을 모두 불태웠고 학교와 병원도 하나도 남김없이

파괴했습니다. 그리고 마을 사람들을 모아 놓고 마구 죽였습니다. 죽이지 않고 살려둔 사람들은 손이나 발, 귀를 도끼로 잘랐습니다. "오른손, 왼손 중 어떤 손을 자를래?"라고 물어서 대답을 한 사람은 그 손만 자르고 겁에 질려 아무 대답도 못한 사람은 양손을 다 잘랐다고 합니다.

반군은 이 작전에 마약에 취해 환각 상태에 빠진 소년병들을 앞장세웠습니다. 제 정신이 아닌 소년병들은 마치 사람의 팔다리를 자르는 기계처럼 행동했습니다. 한쪽 다리를 잘린 채 기를 쓰고 도망가는 사람을 쫓아가 기어코 다른 한쪽 다리도 잘라내는 포악한 짓거리도 서슴지 않았습니다. 이러한 범죄 행위가 나라 전체에서 벌어졌습니다. 이것은 반군의 계획된 범죄였습니다.

소년병들에게 사람을 죽이거나 혹은 장애인으로 만들라고 명령을 내린 것입니다. 사람들을 죽이지 않고 일부러 팔다리를 잘라 장애인으로 만든 데에는 나름의 기가 막힌 이유가 있습니다. 장애를 안고 살아가는 사람들이 많아지면 정부에서는 이 사람들을 위해 돈을 쓸 수밖에 없습니다. 그리고 장애인을 돌봐야 하는 가족들은 일을 하러 나가거나 정부군에 입대를 할 수 없습니다. 그렇게 되면 시에라리온의 정부군은 힘을 잃을 수밖에 없습니다. 반군은 바로 그렇게 되기를 노린 것입니다. 인간이 어떻게 이렇게까지 극악한 생각을 할 수 있을까요?

반군들은 처음에는 소년병들을 전투에 투입하기보다는 무기를 나르거나 정부군을 염탐하는 스파이로 이용했습니다. 몸집이 작은 아이들은 어른에 비해 정부군 몰래 마을이나 군부대로 숨어들어가 원하는 정보를 빼내기가 수월하다고 생각했기 때문이지요. 부모나 형제자매를 인질로 잡고 원하는 정보를 가져오지 못하면 당장 가족들을 죽이겠다고 협박하게 했습니다.

그리고 작은 소총이나 탄약을 몰래 나르는 일을 시키기도 했습니다. 감시망이 너무 철저하여 멀리 떨어진 지원군으로부터 탄약이나 식량을 쉽게 가져오지 못할 때도 아이들을 이용했습니다. 조그만 아이들의 몸에 탄약을 숨겨 들여오거나 학교나 친척 집에 놀러가는 것처럼 위장하여 가방에 식량을 넣어 운반시켰던 것이지요.

아이들은 어른과 달리 검문검색을 당하지 않으니까요. 하지만 이러한 잔꾀는 곧 정부군에게 발각되고 맙니다. 그래서 아이들은 군부대 주위를 얼씬거리거나 부모님의 보호 없이 거리에서 혼자 돌아다니다가 반군의 스파이로 오해받아 그 즉시 총에 맞고 죽어 버린 경우도 많다고 합니다.

피바람은 날마다 총을 들 수밖에 없습니다. 피바람에게는 적군이니 아군이니 하는 개념이 없어진 지 오래입니다. 오로지 약 기운이 떨어지기 전 마약을 얻기 위해, 총알이 빗발치는 전쟁터에서 목숨을 지키기

재활 센터에 온 아이들의 손에는 이제 총 대신 크레파스가 쥐어졌습니다.

위해, 부상당해 반군의 손에 죽지 않기 위해 점점 더 잔인한 악마가 되어갑니다.

이것이 과연 옳게 사는 방법인가 생각할 마음의 여유조차 주어지지 않습니다. 약 기운이 떨어지고 총성이 잦아들면 전쟁의 공포와 지옥 같은 현실을 깨닫게 됩니다. 그러면 이 악몽을 잊기 위해 다시 약을 찾게 되는 것입니다.

피바람은 언제쯤에야 총을 내려놓을 수 있을까요? 평범한 모하메드로 다시 돌아가는 일은 영영 불가능한 일이 되어버린 것일까요? 아니 그때까지 살아남을 수 있을까요?

소년병은 시에라리온에만 존재하는 것은 아닙니다.

전 세계적으로 소년병을 이용한 못된 집단은 부룬디와 코트디부아르, 콩고, 소말리아, 수단, 콜롬비아, 미얀마, 네팔, 필리핀, 스리랑카, 우간다 등 54군데인 것으로 조사됐습니다. 전쟁터에서 부상을 입고 장애인이 된 어린이는 현재 600여 만 명. 10년 간 전사한 소년병은 200여 만 명 정도로 추정됩니다. 18세 미만의 소년병의 숫자는 무려 30만 명에 달합니다.

1990년대 초에 시작된 시에라리온의 내전은 10년이 훨씬 넘는 긴 세월 동안 사람들을 괴롭히고 나서야 간신히 진정되었습니다. 지난 2002년 1월 18일, 정부군과 반군 사이에 평화 협정이 체결되면서 공식적으로 전쟁이 종료된 것입니다.

  전쟁이 종료되면서 시에라리온의 소년병들도 집으로 돌아갈 수 있게 되었습니다. 아니, 적어도 시에라리온의 평화 협정을 수호하기 위하여 머물게 된 UN평화유지군은 그렇게 생각했습니다. 그러나 아이들은 쉽게 집으로 돌아갈 수 없었습니다. 전쟁이 끝났고 이제는 총과 칼을 내려놓아도 좋으련만 왜 이 아이들은 집으로도 돌아갈 수 없게 된 것일까요?

  슬프게도 소년병들의 가족들은 아이들이 집으로 돌아오는 것을 원하지 않기 때문입니다. 전쟁이 일어난 지난 10년 동안, 반군 병력의 80%나 차지했던 소년병들은 자의든 타의든 간에 반군이 요구하는 잔

혹한 행위를 저질러 온 것이 사실입니다. 특히 죄책감이나 두려움이 없는 소년병들이 이러한 행위에 앞장섰습니다. 그래서 사람들은 일반 반군 병사보다 오히려 소년병을 훨씬 더 두려워했던 것입니다.

잔인하기 짝이 없는 소년병을 기억하는 마을 사람들은 누구도 자기 마을에 소년병이 돌아오기를 바라지 않습니다. 심지어 부모님이나 가족들마저도 말입니다. 이들은 자신의 아이들이 다시는 옛날의 귀엽고 사랑스러운 아이로 되돌아갈 수 없다고 생각하고 있습니다. 소년병들을 받아들이고 용서하기에는 사람들의 상처가 너무 컸습니다.

하지만 자신이 원해서 소년병이 된 아이는 아무도 없습니다. 모두 다 반군의 총칼에 의해 끌려간 아이들입니다. 마약을 맞고 살인 기계가 되어 전쟁터를 누비는 것을 원한 아이들은 아무도 없습니다. 아이들이 자신의 이름을 잃어버리고 '킬러', '도끼날', '쌍칼', '망나니'가 된 것은 이 아이들의 잘못이 아닙니다. 아무것도 모르는 다섯 살 나이에 군대로 끌려가 살인이 정당한 것이라고 배우며 자라게 되면 누구나 이 아이들과 똑같은 행동을 하게 될 것입니다.

가엾고 불쌍한 이 아이들은 이제 또 한 번 가정과 사회에서 버림받고 있습니다. 한 동네에 같이 사는 것조차 두려운 소년병들은 다름 아닌 이 시에라리온 사람들 모두가, 그리고 적극적인 도움을 주지 못한 우리 모두가 만들어 낸 슬픈 괴물인 것입니다.

전쟁이 끝나고 나면 가장 먼저 정부에서 하는 일은 무장 세력들의 무기를 회수하고 고향을 잃고 떠돌아다니는 피난민들을 보호하는 것입니다. 무기만 달랑 회수하고 등을 떠밀어 보내면 아이들은 갈 곳이 없습니다. 이 아이들은 평범하게 사는 것보다는 전쟁터에서의 생활이 더 익숙합니다.

또 오랫동안 마약에 찌들어 있었던 소년병들은 재활 치료를 해주지 않으면 정상적으로 살아갈 수 없습니다. 많은 수의 아이들이 마약 때문에 정신 이상이나 언어 장애, 팔다리에 부분 마비 같은 부작용으로 고생하고 있습니다. 마약을 끊는 것은 의지력이 강한 어른들도 쉽지 않은 일입니다. 더 이상 마약을 얻지 못하게 된 소년병들은 아직도 전쟁터에 있거나 누군가 금방이라도 자신을 죽이러 올지도 모른다는 환영에 시달립니다. 잠이 들면 계속 악몽을 꾸기 때문에 잠드는 것을 두려워하는 아이도 있습니다.

만약 약물 중독에 대한 재활 치료나 심리 치료 없이 그대로 아이들을 내보내면 다시 약을 사기 위해 또 다른 범죄 조직에 가담하거나 아직도 군데군데 남아 있는 무장 세력에 자진해서 들어가게 됩니다. 갈 곳도, 먹고 살 방법도 없는 아이들이 돌아갈 곳이라고는 그들을 살인 기계로 만든 군대밖에 없으니까요. 이러한 악순환이 계속되지 않으려면 관심을 가지고 이 아이들을 도와야만 합니다.

하지만 시에라리온 정부에서는 이 아이들을 돕고 싶어도 도울 수 있는 충분한 능력과 재정을 가지고 있지 못합니다. 그래서 세계의 각 종교 단체나 구호 단체에서 이 아이들을 위한 재활 센터를 만들어 치료와 교육을 시키고 있습니다. 그나마 다행스러운 일이 아닐 수 없습니다.

피바람도 전쟁이 끝나고 재활 센터로 오게 되었습니다. 부모님이 다 돌아가시고 같은 동네에 살던 친척들도 모두 죽어서 피바람은 세상에 단 혼자가 되었습니다. 살아남은 친척이 있다고 해도, 소년병 부대장까지 지낸 피바람을 받아 줄 리 없었을 것입니다.

이제 피바람은 다시 모하메드가 되기 위해 열심히 노력하고 있습니다. 그러나 피바람은 아직도 악몽에 시달립니다. 뿐만 아니라 아무리 노력해도 사람을 죽였을 때의 흥분과 쾌감을 잊을 수가 없습니다. 그것은 나쁜 짓이고 다신 해서는 안 될 범죄라고 배웠고 또 그렇게 알고 있는데도 말입니다. 피바람은 조용하고 평화롭게 흘러가는 재활 센터에서의 생활이 지루하기 짝이 없다고 느끼기도 합니다. 때로는 총을 들고 다시

소년병들의 재활을 돕고 있는
월드비전 대원

전쟁터로 나가고 싶다는 충동에 사로잡히기도 합니다.

차라리 다시 전쟁이 일어나기를 바라는 마음도 조금은 있는 것 같기도 합니다.

그래서 피바람은 자기 자신이 너무나도 싫습니다. 예전에 자신이 저질렀던 끔찍한 일을 떠올리면, 그렇게 부끄러울 수가 없습니다. 차라리 죽어 버리고 싶기도 합니다. 아무것도 몰랐던, 소년병으로 끌려가기 전의 자신으로 돌아가고 싶은 마음뿐입니다. 잘못된 일이라는 것을 뻔히 알면서도 평화로운 지금의 생활을 지겨워하고 다시 총을 들고 싶어 하는 자기 자신이 스스로도 무섭고 끔찍하게 느껴지는 것입니다. 피바람은 이렇게 절규합니다.

누가 나를 이렇게 만들었나요?

왜 나에게 총과 마약을 주었나요?

어째서 아무도 나를 구해 주지 않은 건가요?

재활 센터에는 대개 숙박 시설이 갖추어져 있습니다. 돌아갈 곳이 없는 소년병들을 모두 데리고 있으려면 숙박 시설은 필수입니다. 이곳에서는 하루 세 끼 식사를 모두 제공하면서 교육과 치료를 동시에 실행하고 있습니다. 재활 센터에서 실시되는 교육 중 가장 특별하고 중요하게 여겨지는 과목은 종교 교육입니다.

종교 교육이라고 해서 특정한 종교에 대해 가르치는 것은 아닙니다.

우리로 말하자면 초등학교 1학년 바른생활 과목에 해당하는 시간인 셈입니다. 착한 일과 나쁜 일, 선한 것과 악한 것, 해야 하는 일과 해서는 안 될 일 같은 아주 기본적인 인성 교육을 받는 것입니다.

교육을 받는 아이들 중에는 아주 어렸을 때 잡혀가 오랫동안 소년병 노릇을 한 탓에 이미 나이가 열다섯 살이 넘는 아이들도 있습니다. 우리나라라면 이미 중학생이 되었을 나이에 교실에 앉아 착한 일과 나쁜 일을 구별하는 법을 배우고 있는 모습을 보면 마음 한 쪽이 아파옵니다.

아이들을 치료하는 방법 중 하나로 가장 많이 사용되는 것은 그림 그리기입니다. 아이들은 어린 나이에 잡혀가 아무런 교육을 받지 못했기 때문에 대부분 글자를 읽거나 쓰지 못합니다. 그래서 선생님들은 수업 시간에도 교과서를 이용하기보다는 그림을 그려 설명합니다. 그리고 아이들에게도 글짓기를 시키는 대신 그림을 그려 하고 싶은 말이나 생각을 표현하게 합니다. 그림은 아이들의 마음이나 생각을 알아내는 데 매우 중요한 자료입니다. 그림을 통해 선생님들은 아이가 지금 무슨 생각을 하고 있는지, 정신 상태가 어떤지 읽어내는 것입니다. 소년병들이 그린 그림을 보면, 아이들이 얼마나 크게 정신적인 충격을 받았는지 쉽게 알게 됩니다. 아이들은 집을 불태우거나 사람을 총으로 쏘아 죽이거나 하는 잔인한 장면을 그림으로 그립니다. 아이들의 그림 속에서 집은

늘 불타고 있고 우물은 빨갛게 피로 넘쳐납니다.

　어느 정도 선과 악을 구별하는 교육을 받으면 한 사람씩 '참회실'로 불려가 성직자나 선생님 앞에서 자신이 저지른 온갖 나쁜 짓들을 신에게 정직하게 고백하도록 합니다. 죄를 모두 고백하고 나면, 선생님은 "잘했다. 이제 됐어. 앞으로는 이 나라와 네 자신을 위해 열심히 살아라."라고 아이를 격려해 줍니다. 신에게 죄를 고백하고 뉘우쳤으니 더 이상 아무도 너의 죄를 추궁하지 않는다고 말해 주는 것입니다. 그리고 "너는 이 나라의 미래에 아주 중요한 사람이기 때문에 언제나 자부심을 잃지 말아야 한다." 거듭 강조합니다. 그리고 재활 센터에서는 아침저녁으로 틈이 날 때마다 아이들에게 구호를 외치게 합니다.

"제발 나를 이 악몽에서 구해주세요." 라고 한 소년이 기도하고 있습니다.

"전쟁은 끝났다!"

"너희들은 이 나라에 꼭 필요한 사람이다!"

"긍지를 가져라!"

시에라리온은 내전으로 인구의 절반 가량인 200만 명의 난민이 생겨났습니다. 2002년에는 10만 명이 넘는 시에라리온 난민들이 고국으로 돌아왔으며 12만 명이 넘는 피난민들이 그리운 고향으로 돌아갔지만 소년병들의 대부분은 고향에 가지 못하고 재활 센터에 남아 있습니다. 정부와 UN의 끊임없는 노력에도 불구하고 아직도 저항 세력에 남아 있는 소년병들의 숫자는 7000명이 넘습니다.

시에라리온은 과거 미국으로 끌려가 노예 생활을 했던 흑인들이 노예 해방을 맞이한 후 돌아와 만든 나라입니다. 그래서 수도의 이름도 자유를 상징하는 프리타운(Freetown)입니다. 재활 센터에 수용된 아이들은 이렇게 울부짖습니다. 이제는 약물과 악몽에서 자유롭고 싶다고 말입니다. 끔찍했던 살인과 전쟁의 기억에서 자유로워지고 싶다고 말입니다. 저 먼 아메리카 대륙까지 끌려가 오래도록 억압받았던 선조들이 이 땅으로 돌아와 기쁨에 젖어 붙인 이름 자유의 도시 프리타운, 그 이름에 깃든 정신과 자유로움을 이 아이들도 반드시 느끼게 되었으면 좋겠습니다.

시에라리온에서는 '안녕하세요?' 라는 말인 '다라이 세케' 다음에 꼭

'초피아'라고 덧붙입니다. 초피아는 '건강하시죠?'라는 말입니다. 옛날부터 이곳에는 먹을 것이 부족해서 영양 상태가 안 좋은 사람들이 쉽게 병에 걸렸습니다. 그래서 시에라리온 사람들은 습관처럼 건강하냐고 묻게 된 것이라고 합니다.

"다라이 세케, 초피아?(안녕하세요. 건강하시죠?)"라고 물으면, 사람들은 "세케요, 탄투쿠드(안녕하세요. 신께 감사드립니다)."라고 대답합니다. 다정한 인사말입니다.

피바람이 하루빨리 모하메드가 되었으면 좋겠습니다. 전쟁의 상처에 시달리는 다른 아이들도 다 자신의 이름을 되찾았으면 좋겠습니다. 왜 나를 이렇게 만들었냐고 울부짖는 대신 "탄투쿠드(신께 감사드립니다)." 하고 밝게 인사할 수 있게 되었으면 좋겠습니다.

그렇게 인사하는 모하메드를 하루빨리 만났으면 좋겠습니다.

끝나지 않은 시에라리온의 전쟁

시에라리온의 전쟁은 공식적으로는 끝났지만 아직 완전한 평화가 찾아온 것은 아닙니다. 많은 사람들이 장애인이 됐고, 반군은 여전히 시에라리온의 절반을 지배하고 있습니다. 프리타운의 전쟁 부상자 수용소에는 손목이 잘린 세 살짜리 여자아이도 있습니다. 하지만 이런 잔악한 범죄를 저지른 반군 지도자 포데이 산코는 전쟁 범죄에 대한 재판을 받다가 죽었습니다. 수많은 사람들의 죽음과 평생 씻을 수 없는 마음의 상처를 입은 소년병들에 대한 책임은 누구한테 물어야 하는 걸까요?

시에라리온 전쟁과 관련하여 최근 새로운 소식이 있습니다.

2013년 9월 26일 네덜란드 헤이그에 있는 시에라리온 특별 법정 재판부는 지난 1991년부터 10년 간 진행된 시에라리온 내전을 일으킨 찰스 테일러 전 라이베리아 대통령에게 징역 50년을 선고했습니다.

이 재판은 7년간 진행됐는데요. 시에라리온 특별 법정에서는 전쟁 범죄 및 반인도 범죄 등 11개 죄목에 대해서 만장일치로 유죄 선고를 내렸습니다. 형이 확정된 찰스 테일러 전 라이베리아 대통령은 영국의 감옥에서 여생을 보내게 될 것입니다.

소년병 피바람을 만나요

집으로 가는 길
이스마엘 베아 지음, 북스코프

시에라리온에 살던 이스마엘은 친구들과 장기자랑에 참여하려고 집을 나서는 길에 반군에게 잡혀 소년병이 되었다가 유니세프의 도움으로 탈출했습니다. 이후 재활 훈련을 거치고, 공부를 계속한 다음, 지금은 유니세프와 함께 어린이 인권 운동을 하고 있습니다. 이스마엘은 자신의 행복했던 삶이 소년병으로 끌려가 전쟁의 참혹함을 겪으면서 어떻게 망가졌는지를 책으로 썼는데요. 그 책이 '집으로 가는 길'이라는 책입니다.

소년병에 대한 이야기를 좀 더 알고 싶은 친구가 있다면 한 번 읽어보기를 추천합니다.

스마트폰으로 QR코드를 찍어보세요.
이 책에 대한 더 많은 정보를 볼 수 있답니다.

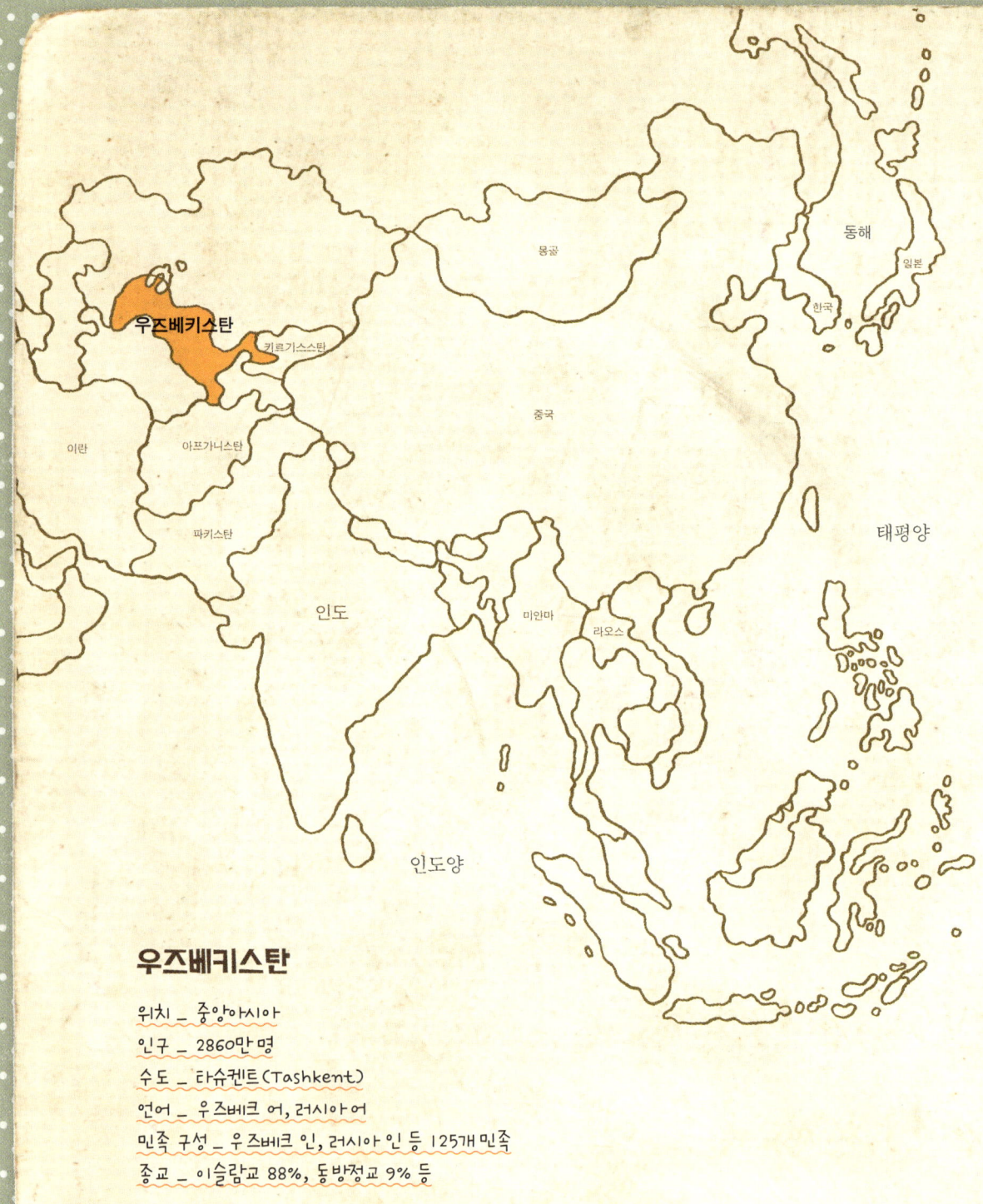

우즈베키스탄

위치 _ 중앙아시아
인구 _ 2860만 명
수도 _ 타슈켄트(Tashkent)
언어 _ 우즈베크 어, 러시아어
민족 구성 _ 우즈베크 인, 러시아 인 등 125개 민족
종교 _ 이슬람교 88%, 동방정교 9% 등

우즈베키스탄은 무한한 지하자원과 풍부한 수자원 및 많은 오아시스 등으로 과거에는 실크로드의 중심지였고 근래에 와서는 새로운 중앙 아시아의 역사, 문학, 교통, 경제의 중심지로 떠오르고 있습니다. 하지만 아직도 사회주의 체제가 남아 있어 토지와 물에 대한 국유제가 유지되고 있으며 농산물의 가격, 생산량 및 분배, 수출입 등의 결정을 정부가 통제합니다. 주요 농업 자원은 면화로서 우즈베키스탄은 세계 4위의 면화 생산국이며, 세계 2위의 수출국입니다.

목화 따는 아이들 이야기

목화 따는 아이들

 일홈은 7시에 눈을 떴습니다. 늦었습니다. 8시까지 학교에 가야 하는데 말입니다. 학교까지는 걸어서 40분도 넘게 걸리기 때문에 서둘러야 합니다. 일홈은 대충 옷을 입고 밥도 먹는 둥 마는 둥 하고 집에서 나와 학교로 뛰어갑니다. 그런데 일홈의 책가방 속에는 책이 들어 있지 않습니다. 노트와 연필 그리고 점심으로 먹을 빵 한 덩이가 전부입니다.

 오늘부터 석 달 동안 수업이 없습니다. 하지만 수업이 없는 대신 일홈과 학교 친구들은 목화밭에 가서 목화를 따야 합니다.

 학교에 도착하자 언제나처럼 선생님이 출석을 불렀습니다. 공부를 안 해도 목화 따는 일에 빠지면 결석이 되고 선생님께 몹시 혼이 납니다. 출석을 다 부르고 일홈과 친구들은 끝없이 펼쳐진 목화밭으로 갔습니다. 이제부터 부지런히 목화를 따야 합니다. 아이들은 커다란 자루를 가지고 목화밭 여기저기로 흩어집니다. 일홈은 자기가 맡은 고랑을 바라봅니다. 끝이 거의 보이지 않을 정도로 아득합니다. 일홈은 숨을 한 번 크게 쉬고 허리를 굽혀 목화를 따기 시작합니다.

목화솜은 한없이 부드럽지만 그 밑에는 까끌까끌한 껍데기 같은 것이 달려 있어 손을 긁히기 일쑤입니다. 하지만 잠시도 멈출 수 없습니다. 정해진 할당량을 채우려면 하루 종일 부지런히 손을 놀려야 합니다. 9월이라 가을 하늘은 빨려 들어갈 듯 높고 푸릅니다. 하지만 일홈은 하늘을 볼 여유가 없습니다. 그저 익숙한 손길로 목화를 딸 뿐입니다.

여름의 뙤약볕만큼이나 가을볕은 따갑습니다. 가을볕 아래 하루종일 일을 하다보면 얼굴과 팔뚝이 온통 화끈거립니다. 그래서 목화 따는 철이 지나고 나면 아이들의 얼굴은 전부 다 까맣게 그을려 있습니다.

열심히 목화를 따던 일홈은 잠시 허리를 폅니다. 서둘러 나오느라 아침도 제대로 먹지 않아 배가 고파서인지 머리가 멍해지며 핑돕니다. 먹을 것이라고는 집에서 싸온 빵 한 덩이뿐이지만 점심 시간이 정말 기다려집니다.

일홈처럼 우즈베키스탄 나망간에 사는 아이들은 목화의 수확이 시작되는 9월이 되면 바쁜 하루를 보내야 합니다. 공부도 노는 것도 하지 못하고 하루 종일 목화 따기에 매달려야 합니다.

목화 수확철이 되면 학생들은 아침 8시까지 학교로 갑니다. 그리고는 공부를 시작하는 것이 아니라 선생님과 함께 마을의 목화밭에서 하루 종일 목화를 따야 합니다. 쉬는 시간도 없고 점심 시간도 따로 없어서 아이들은 배가 고프면 각자 집에서 싸온 간단한 도시락으로 허겁지겁 허기를 때웁니다.

하루 일이 끝나면 그날 수확한 목화를 모두 학교로 가지고 갑니다. 그리고는 선생님 앞에서 각자 무게를 잽니다. 최소한 한 사람당 1.5Kg 이상의 목화를 따야 합니다. 가벼운 솜으로 1.5Kg을 채우려면 얼마나 많이 따야 할까요? 하지만 목표량을 채우지 못하면 선생님께 심한 꾸중을 들을 뿐만 아니라 더러는 매도 맞습니다.

더구나 나망간 주의 1년 목표는 약 27만 톤인데, 아직도 1200톤이나 모자랍니다. 그래서 선생님들은 오늘도 아이들을 심하게 재촉하며 목화밭에 보냅니다.

공부도 빼먹은 채 목화를 따오라고 시키는 학교가 참으로 이상하게 느껴집니다. 하지만 이곳 우즈베키스탄에서는 목화 수확철인 매년 9월 초부터 약 석 달 동안 전국에 있는 모든 학교에서 똑같은 일이 벌어집니다.

아이들은 숙제 검사를 받는 것처럼 선생님 앞에서 따온 목화의 무게를 재야 합니다.

하루 종일 허리도 펴지 못한 채 열심히 목화만 따는 일홈은 어서 목화 수확기가 끝나기만을 바랄 뿐입니다. 학교에서는 공부만 하고 싶으니까요.

일홈이 일하고 있는 푸른 하늘 아래 펼쳐진 하얀 목화밭은 그림 같습니다. 하지만 목화밭의 멋진 풍경 안에는 힘들게 일하는 아이들이 있습니다.

그런데 목화가 무엇인지 알고 있나요? 아마 학교에서 문익점 할아버지가 원나라에서 목화씨를 들여와 목화를 재배한 이야기를 배운 적이 있을 것입니다.

그 목화씨가 싹을 틔워 자라나서 열매를 맺게 되면 열매를 보호하기 위해서 하얀 솜이 생겨납니다. 그 하얀 솜으로 면을 만드는 것입니다. 우리는 면으로 옷을 만들어 입고 이불도 만들어 포근하게 덮고 잡니다. 면은 보송보송 땀 흡수가 잘 되어서 피부에 좋은 섬유이기 때문이지요. 일홈을 비롯한 우즈베키스탄 어린이들이 모으는 것은 바로 이 목화솜입니다.

이것은 우즈베키스탄의 경제 정책과 관련이 있습니다. 우즈베키스탄은 가난한 나라입니다. 러시아에서 독립한 지 15년밖에 되지 않은 우즈베키스탄에는 목화말고는 딱히 먹고 살 수 있는 방법이 없습니다. 우즈베키스탄의 목화 생산량은 세계 5위 안에 듭니다. 매년 100만 톤

이상의 목화를 생산하고, 이 목화를 수출해 10억 달러(약 1조 원)의 외화를 벌어들입니다. 목화가 나라의 주요 수입원인 것입니다. 하지만 이 돈은 모두 정부의 차지입니다. 나라에서 목화를 생산하고 판매하는 권리를 독점하고 있기 때문입니다. 이 나라는 공식적으로 민주주의 공화국이지만 옛 소련의 공산주의 체제의 영향이 아직도 남아 있기 때문에 가능한 일입니다.

우즈베키스탄 정부는 매년 각 주(우리나라의 충청도, 전라도와 같은 행정 단위)별로 일정량의 목화 생산 목표량을 정해 줍니다. 정해진 목표량을 채우지 못하면 정치적으로 불이익을 당하기 때문에, 주 정부에서는 어떠한 희생을 치르는 한이 있어도 생산량을 달성하려고 노력합니다. 그래서 아직 어린 초등학생들까지 목화 따기에 동원되는 것입니다.

우즈베키스탄에서는 15세 이하 어린이들이 일하는 것을 법으로 엄연히 금지하고 있습니다. 그러나 법을 지켜야 할 정부에서 오히려 법을 무시한 채, 어린 학생들을 목화밭으로 내몰고 있습니다. 원래 중학교 이상 아이들에게만 목화 따는 일을 시켰지만 매년 늘어만 가는 목화 생산량을 채우기 위해서 어쩔 수 없이 아홉 살 먹은 초등학교 학생들까지 목화밭으로 내몰고 있는 것입니다.

한참 뛰어놀고 공부를 해야 할 어린 아이들을 목화밭으로 끌고 가서는 뙤약볕 아래에서 어른들도 견뎌내기 힘든 무리한 노동을 시키고 있

아이들은 운동장에서 뛰어노는 대신 자기 몸집보다 더 큰 자루에 목화를 따서 채우는 일을 해야 합니다.

습니다. 그 대신 임금을 주지 않느냐며 어설픈 변명을 늘어놓고 있지만 석 달 동안 내내 주말도 없이 일을 한 대가는 겨우 20센트, 우리 돈으로 300원 남짓입니다. 하루 임금이 아니라 석 달 동안, 하루 일곱 시간을 꼬박 일하고 받는 돈이 300원입니다!

 우즈베키스탄 정부가 아이들에게 강제 노동을 시킨다는 사실은 국제 사회에 이미 널리 알려져 있습니다.

 국제 사회에서는 우즈베키스탄 정부에 아이들을 학교에도 보내지 않은 채 목화밭에서 임금도 거의 주지 않고 부려먹는 것을 당장 그만두

라고 여러 번 경고한 바 있습니다. 하지만 우즈베키스탄 정부는 자신들은 전혀 모르는 일이라며 잡아떼고 있습니다. 정부에서는 아이들을 목화를 따는 데 동원하라고 지시를 내린 적이 절대로 없다고 말입니다. 우즈베키스탄의 법에 따르면 15세 미만의 어린이가 일을 하는 것은 불법이기 때문에 그런 일이 있다면 당연히 벌을 내렸을 것이라고 주장하고 있습니다. 눈 가리고 아웅하는 격입니다.

아무리 나라의 발전이 중요하다지만 아이들의 피와 땀과 눈물로 이룬 경제 성장이 무슨 소용이 있을까요? 나라가 부강해지고자 하는 것은 결국 자라나는 어린이들에게 밝은 미래를 선사해 주기 위함이 아닐까요?

나라의 경제를 위해 아이들에게 힘든 일을 시키는 나라는 또 있습니다. 아프리카 북쪽 내륙 지방에 위치한 작은 나라 차드에서도 비슷한 일이 일어나고 있습니다.

차드는 가장 가난한 것으로 세계에서 열 손가락 안에 꼽히는 나라입니다. 차드가 가난한 이유는 아프리카의 다른 나라들과 비슷합니다. 오랫동안 치러야 했던 내전 때문이었습니다. 그래서 차드 아이들도 학교에 가는 대신 일을 해야만 합니다. 어른들은 따로 직업을 구하기 어렵고, 대개는 오랜 전쟁으로 죽거나 장애인이 되어서 아이들을 돌봐 줄 수 있는 형편이 안 되기 때문이지요.

우즈베키스탄 아이들은 목화를 따야 하지만 차드 아이들은 소나 양 같은 가축들을 돌보는 일을 합니다. 아이들이 돌보는 가축은 당연히 차드 사람들의 소유가 아닙니다. 가난한 차드 사람들은 가축을 살 만한 돈이 없으니까요. 아이들이 돌보는 가축들은 모두 부유한 아랍 사람들의 소유입니다. 전통적으로 아랍(중동 지역)에서는 소나 양이 가장 중요한 재산이었습니다. 사막에서 살아온 아랍 사람들은 가축들을 이곳저곳 데리고 다니면서 유목 생활을 했습니다. 가축을 먹일 수 있는 풀이 많은 곳을 찾아 떠돌아다니며 살았던 것입니다.

그 전통이 남아 있어 도시에 살며 더 이상 떠돌아다니지 않는 지금도 아랍 사람들은 여전히 가축을 기르고 싶어 합니다. 그러나 환경 오염과 지구 온난화로 풀이 자라나는 지역은 자꾸만 줄어들고 사막으로 변해 가는 아랍에서는 가축을 기르기란 좀처럼 쉽지 않습니다. 석유 덕분에 돈 많은 아랍 사람들은 그래서 풀이 많이 자라나는 비옥한 땅이 있는 차드로 자신들의 가축을 보내는 것입니다.

아랍 사람들은 물론 가축을 차드로 보내어 기르는 대가로 차드 정부나 지방 관리에게 돈을 지불합니다. 차드의 땅에서 나는 풀로 가축을 기르니까요. 하지만 가축들은 초원에 그냥 풀어 놓을 수는 없습니다. 반드시 돌보는 사람이 있어야 합니다. 그렇지 않으면 무서운 맹수에게 잡아먹히거나 쉽게 잃어버릴 수밖에 없습니다. 그래서 가축을 돌보는

차드 아이들은 가축을 돌보는 동안 아무 보호막도 없는 허허 벌판에서 살아야 합니다.

역할로 아이들이 고용되는 것입니다.

　아이들은 돈을 벌 수 있다는 말에 선뜻 가축을 돌보는 일을 맡습니다. 가축을 돌보는 아이들은 집에도 돌아가지 못합니다. 아이들은 집에도 돌아가지 못하고 짧게는 1년, 길게는 3년 넘게 가축들과 함께 떠돌아다녀야 합니다. 밤에도 잠을 잘 수 없습니다. 어두운 밤이야말로 가축들을 잃어버리거나 맹수에게 습격당할 위험이 가장 큰 시간이기 때문입니다.

　그래서 대부분은 두 아이가 한 조를 이루어 다닙니다. 한 아이가 잠을 자는 동안 다른 아이는 잠을 안 자고 가축들을 지켜야 하는 것입니다. 당연히 잠을 잘 곳도 없으므로 가축들과 함께 벌판에서 그냥 자야 합니다. 그러다 보면 때로는 뱀이나 독거미 혹은 맹수들에게 습격을 받아 목숨을 잃기도 합니다.

　거기다 실수로 양 한 마리를 잃어버리거나 양이 맹수에게 잡아먹히면 심한 매질을 당합니다. 매질만 당할 뿐 아니라 잃어버린 동물의 숫자와 가격만큼 빚이 생기므로 일할 연수가 더 늘어나기 일쑤입니다.

　가축의 주인은 모두 아랍 사람들이다 보니 이슬람 신자였습니다. 그러다 보니 주인들은 아이들에게 모두 이슬람교를 믿으라고 강요합니다. 이름도 이슬람식으로 바꾸고 말도 그들의 말을 해야 합니다. 만일 고향 말을 쓰거나 서로 원래의 이름을 부르다가 들키면 역시 벌을 줍니다.

우리나라가 일본에게 식민지 지배를 당할 때의 창씨개명과 비슷하다고 할 수 있습니다. 이름을 바꾸고 말을 없애는 것은 민족성과 자존심을 없애는 일입니다. 차드는 아랍 사람들의 식민지도 아닌데 나라가 가난하다는 이유로 아이들이 식민지 사람 취급을 받고 있는 것입니다.

그런데 아이들을 보호해 주고 아랍 사람들에게 항의해야 마땅한 차

드 정부에서는 아무런 도움을 주지 못하고 있습니다. 도움은커녕 아랍 사람들이 지불하는 땅값에 눈이 어두워 오히려 불쌍한 아이들을 맹수가 우글거리는 벌판으로 내몰고 있습니다. 이렇게 가축을 치고 있는 아이들은 2000명이 넘는다고 합니다.

요즈음 우리는 '세계화'라든가 '지구촌'이라는 말을 많이 듣습니다. 세계화 시대에 다른 나라들과 당당히 어깨를 겨룰 수 있을 만큼 국력을 키워야 하는 것은 당연한 일입니다.

하지만 국력을 키우는데 아이들이 희생되어서는 안 될 일입니다. 아이들은 어떠한 이유에서든 원하지 않는 노동을 강요받거나 학대받아서는 안 되는 고귀한 존재입니다. 그것을 잊어서는 안 될 것입니다.

여전히 강제 동원된 사람들

우즈베키스탄은 국제 사회의 압력에도 불구하고 지금도 교사, 의사, 간호사, 학생 등 매년 온 국민들을 강제 동원하여 목화를 수확하고 있습니다. 우즈베키스탄 국민들은 매년 9월 초부터 11월까지 각 지방마다 정해진 목화 수확량을 채우기 위해 모든 생업을 내려놓고 목화 수확을 해야 합니다. 지방 정부는 국민들을 목화밭으로 내보내기 위해 모든 교통수단을 동원하고 집이 먼 사람들에게는 목화밭 근처에 임시 숙소를 지어 제공했다고 합니다.

의식 있는 언론 기관과 인권 단체들은 우즈베키스탄 정부의 탄압을 받으면서도 어린 아이들이 목화 수확을 위한 강제 노동에 동원된다는 부당한 사실을 국제 사회에 꾸준히 알렸습니다.

국제 사회의 압력에 부담을 느낀 우즈베키스탄 정부는 2012년 목화 수확기에는 9살 전후의 어린 아이들을 목화 수확에 동원하지 않았습니다. 하지만 그 손실을 매꾸기 위해 15세 이상의 학생과 어른들이 그만큼 더 고되게 일을 해야만 했다고 합니다. 2012년에도 100만 명 이상의 국민들이 목화 수확을 위해 강제 동원되었다고 합니다.

코트디부아르

위치 _ 아프리카 서부 해안
인구 _ 2240만 명
수도 _ 야무수크로 (Yamoussoukro)
언어 _ 프랑스 어
민족 구성 _ 은간 족, 소닌 족, 로비 족 등
종교 _ 이슬람교 40%, 토속 신앙 30%

코트디부아르의 연간 코코아 생산량은 120만 톤. 전 세계 생산량의 절반 가까운 물량입니다. 커피 생산량도 세계 3~4위를 다툽니다. 코코아와 커피는 코트디부아르의 수출에서 가장 큰 몫을 차지합니다. 코코아 생산에는 일손이 많이 필요합니다. 이 때문에 수확기에는 부르키나파소, 베냉, 말리 같이 부근의 다른 나라에서 온 계절 노동자는 물론 심지어 어린이도 많이 동원됩니다. 이 가운데는 인신매매단에게 납치되어 농장주들에게 헐값에 팔렸거나 일자리를 마련해 준다는 얘기를 듣고 부모가 팔아 넘긴 어린이도 많다고 합니다. 이들은 중노동에 시달리면서 싼 임금조차 제대로 받지 못합니다. 현대판 노예의 생활을 하고 있는 것입니다.

초콜릿의 쓰디쓴 비밀

초콜릿의 쓰디쓴 비밀

아이디는 코트디부아르의 카카오 농장에서 일하고 있는 아이입니다. 하지만 아이디의 원래 고향은 코트디부아르가 아닙니다. 아이디는 말리에서 태어났습니다. 말리도 가난한 아프리카의 나라 중에 하나입니다. 배고픔에 시달리던 어느 날, 아이디는 돈을 많이 벌게 해 준다는 중개인의 말에 속아 아홉 살 때 코트디부아르에 오게 되었습니다.

아홉 살이면 아직 엄마 품에 있어야 할 나이지만 가난과 배고픔은 아이디가 외국에까지 나가 돈을 벌어야 할 만큼 아이디의 가족을 괴롭혔습니다.

이미 각오를 하고 오기는 했지만 카카오 농장에서의 생활은 어린 아이디가 감당하기에는 너무나 가혹한 나날입니다. 아이디는 매일 새벽 다섯 시에 일어나야 합니다. 아이디를 비롯한 다른 어린 인부들이 잠을 자는 숙소는 카카오 농장에서 6Km나 떨어져 있습니다.

그래서 새벽에 일어나는 즉시, 카카오 농장까지 컴컴한 자갈길을 걸어가야 합니다. 머리에는 카카오 열매를 따는 데 필요한 무거운 도구를 이고 맨발로 터덜터덜 6Km를 걸어갑니다.

매일 아침 감독관들은 오늘 해야 할 일의 양을 정해 줍니다. 만일 정해진 시간 안에 해야 할 일을 마치지 못하면, 어김없이 날카로운 채찍이 날아듭니다. 일을 다 마치지 못하면 벌로 저녁도 주지 않습니다. 카카오 나무는 무척 키가 커서 보통 높이가 12~15m나 됩니다.

농장주들이 어린 아이들을 인부로 데려다 쓰는 이유는 카카오 나무에 올라가 열매를 따는 데에는 민첩하고 가벼운 아이들이 어른들보다 낫다고 생각하기 때문입니다.

간혹 철저한 감시를 뚫고 탈출을 꿈꾸는 아이들도 있습니다. 불과 2주 전에도 말리에서 온 두 명의 아이들이 채찍과 배고픔을 견디지 못하고 몰래 도망을 쳤습니다. 하지만 온통 숲으로 둘러싸인 카카오 농장을 벗어나기란 쉬운 일이 아닙니다.

두 아이들은 불과 하루만에 감독관들에게 잡혀 오고 말았습니다. 잡혀 온 아이들은 본보기로 심한 매질을 당했습니다. 인부들과 아이들이 모두 보는 앞에서 발가벗겨진 채로 심한 매질을 당했습니다.

심지어 감독관은 지켜보는 아이들에게 채찍을 쥐어 주며 탈출을 시도한 두 아이들을 때리라고 강요했습니다. 싫다고 말하면 탈출했던 아이들과 똑같이 매질을 당합니다. 그래서 죽기보다 싫지만 친구를 때려야만 했습니다.

그리고는 하루 종일 뙤약볕 밑에 물 한 모금 주지 않고 나무에 매달아 놓았습니다. 채찍으로 맞은 상처에서 피가 나고 고름이 흘러내려도

감독관들은 눈 하나 깜짝하지 않았습니다. 두 아이는 사흘 내내 나무에 매달려 고통으로 몸부림치다가 결국 죽고 말았습니다. 아이들의 시체는 아무렇게나 버려졌습니다. 아이들의 시체를 치우면서 감독관은 이렇게 소리쳤습니다.

"봤어? 도망치면 이렇게 되는 거야. 다들 죽고 싶으면 얼마든지 도망쳐 보라고!"

아이디를 비롯한 어린 인부들이 이렇게 고통받으며 따고 있는 카카오는 무엇일까요? 카카오는 초콜릿의 원료가 되는 열매입니다.

달콤하고 씁쌀한 맛이 나는 초콜릿을 모르는 사람은 없겠지요. 누구나 초콜릿을 좋아할 것입니다. 입안에 넣어 살살 녹여 먹는 달콤한 초콜릿을 일컬어 어떤 시인은 '천국의 맛'이라고 표현했다고 합니다. 우리의 생활 속에는 다양한 초콜릿 제품이 있습니다.

초콜릿 캔디, 초코 우유, 따뜻한 코코아, 초콜릿 케이크, 초콜릿 아이스크림, 초콜릿 쿠키 등 주로 우리 어린이들이 좋아하는 간식이 많습니다.

이 맛있는 초콜릿은 카카오 열매로 만듭니다. 카카오 열매가 초콜릿이 되려면 다양하고 복잡한 과정을 거쳐야 합니다.

먼저, 카카오 열매를 따야 하고, 딴 카카오 열매를 깨끗이 씻어 잘 볶아 껍질을 벗겨야 합니다. 그런 다음 분쇄기에 넣고 아주 곱게 갈아 가

카카오 농장에서는 아주 어린 아이에게도 고된 일을 시킵니다.

루를 만드는 것입니다. 이렇게 만들어진 가루에다가 설탕과 우유를 적당히 섞어 넣으면 우리가 맛있게 즐기는 초콜릿이 되는 것입니다. 카카오 가루로는 초콜릿뿐 아니라 코코아도 만들고 초코 우유나 아이스크림, 케이크 등도 만들 수 있습니다.

하지만 맛있는 초콜릿 과자 하나를 만들기 위해 저 먼 아프리카 어린이들이 하루 스무 시간이 넘는 고된 노동에 시달리고 있다는 사실을 알고 계시나요? 여러분이 간식으로 먹는 초콜릿에는 아프리카 어린이들의 눈물이 들어 있습니다.

코트디부아르는 아프리카 대륙 서쪽, 대서양을 끼고 있는 조그맣고 아름다운 나라입니다. 예전에는 '아이보리코스트(상아 해안)'라고 불렸던 나라입니다. 15세기 후반부터 상아(코끼리의 송곳니) 무역이 크게 번성했던 터라 상아 해안이라는 이름이 지어졌다고 합니다.

코끼리의 송곳니를 억지로 떼다 파는 일도 결코 아름다운 일은 아니었지만 상아의 생산이 점점 줄어든 이후에 벌어진 일은 그보다 더 추악하기 그지없는 일입니다. 17세기, 이곳을 식민지로 만든 프랑스 군대는 19세기에는 노예 무역을 시작했습니다. 아프리카 각지에서 마구잡이로 사람들을 잡아다가 이곳 상아 해안에 모아 놓고는 아랍이나 아메리카 대륙에서 건너온 노예 상인들에게 소나 돼지를 팔 듯 사람을 팔아넘겼습니다.

노예 제도가 폐지되고 전 세계적으로 사람은 모두 평등하다는 생각이 널리 퍼진 다음부터는 더 이상 노예 무역을 할 수 없게 되었습니다. 그 대신 이곳 상아 해안에서는 새로운 수출품을 찾아냈습니다. 그것이 바로 카카오입니다. 그리고 카카오 수출도 상아나 노예 무역과 마찬가지로 추악한 뒷모습을 가지고 있습니다.

코트디부아르라는 나라가 정식으로 생긴 것은 1960년이지만, 카카오 농장은 17세기 이후 프랑스가 이곳을 점령하면서부터 존재했습니다. 현재 코트디부아르는 카카오 생산량이 세계 1위입니다. 그러니까 우리가 맛있게 먹는 초콜릿은 대부분 이곳 코트디부아르의 농장에서 생산된 카카오 열매로 만들었다고 생각해도 될 것입니다. 그렇게 코트디부아르에는 세계에서 가장 많은 카카오 농장이 있습니다. 무려 국토의 10%에 달하는 면적이 모두 카카오 농장입니다. 농장의 개수도 세계 1위, 농장의 총 면적도 세계 1위입니다. 서울의 36배나 되는 넓은 땅이 모두 카카오를 재배하는 데 사용되고 있습니다. 어마어마한 크기입니다.

그런데 코트디부아르의 인구는 고작 2240만 명에 불과합니다. 코트디부아르 사람들이 모두 카카오 농장에서 일한다고 쳐도 카카오 농장이 60만 개가 넘게 있으니까, 하나의 농장에 고작 37명의 코트디부아르 사람이 일을 하고 있다는 이야기가 됩니다. 말도 안 됩니다. 농장 하나가 얼마나 넓은데, 고작 37명의 사람이 일을 다 할 리는 없습니다. 농장에는 분명 37명보다는 훨씬 많은 사람들이 일을 하고 있을 것입니다. 도대체 농장에서 일하는 그 많은 사람들은 어느 나라 사람이고, 어디에서 왔을까요? 왜 이 코트디부아르 카카오 농장에서 일을 하고 있는 것일까요?

농장에서 일하는 인부들은 대부분 멀리 베냉, 말리, 토고, 나이지리아, 가나 등에서 돈을 벌기 위해 일하러 온 사람들입니다. 이삼십대의 젊은 청년들도 있지만, 30% 이상이 열다섯 살 미만의 어린 아이들입니다. 열여덟 살 미만의 청소년까지 포함시키면 70% 이상이 아이들입니다. 이삼십 대의 사람들도 대부분 여덟 살 미만의 어린 나이에 카카오 농장 인부로 일을 시작하여 어른이 될 때까지 십 년 이상 농장에 발이 묶여 있는 것입니다.

이렇게 어린이들이 대부분인 카카오 농장의 인부들은 온갖 폭력 속에서 중노동에 시달리고 있습니다.

1990년 이전에는 코트디부아르의 카카오 농장에서 잔악하게 어린이들에게 일을 시키고 있다는 사실을 아무도 알지 못했습니다.

영국의 한 용감한 저널리스트가 처음으로 이 사실을 방송에 알렸습니다. 영국 국영 방송 BBC의 뉴스를 시청한 많은 사람들은 경악을 금치 못했습니다. 영화에서나 나올 법한 일이 저 먼 아프리카의 카카오

아이들은 돈을 벌기 위해 스스로 카카오 농장에 오기도 하고, 인신매매를 당해 팔려오기도 합니다.

농장에서 벌어지고 있었던 것입니다. 카카오 농장에서 벌어지는 심각한 아동 학대에 대해 알게 된 국제 사회에서는 즉각적으로 행동을 취하기 시작했습니다. 유니세프를 비롯한 많은 비정부기구(NGO)에서는 코트디부아르의 카카오 농장에 감금되어 임금도 받지 못한 채, 죄수처럼 일하는 열악한 환경에 처한 어린이들을 구하기 위해 여러 가지 활동을 벌였습니다.

이러한 노력의 결과로 95년부터 98년까지 3년 동안 코트디부아르의 카카오 농장에서 구출된 아이들은 600여 명입니다. 이 아이들은 모두 무사히 말리나 베냉의 집으로 돌려보내졌습니다. 유니세프의 조사에 의하면 아직도 약 1만 5000여 명의 말리 출신 아이들이 카카오 농장에 감금된 채 힘겨운 노동을 강요받고 있다고 합니다. 그러나 이것도 정확한 조사 결과라고는 말할 수 없습니다. 아이들은 대개 중개업자를 통해 카카오 농장으로 불법적으로 팔려 왔고, 카카오 농장은 부패한 정부 관리들의 보호 아래 철저히 외부와 차단되어 있어 농장에서 일하는 아이들의 정확한 숫자는 파악하기 어렵습니다. 아마도 훨씬 더 많은 아이들이 고통받고 있을 것이라고 추측할 수 있을 뿐입니다.

지난 1997년 한 해 동안에는 나이지리아로부터 몰래 수송되어 오는 아이들을 700명 구출했습니다. 구출된 아이들은 정말로 행운이 아닐 수 없습니다. 하지만 구출한 아이들은 불법으로 거래되는 수많은 아이들의 극히 일부일 뿐입니다.

　가장 최근의 조사에 의하면 2010년 기준 전 세계에서 생산되는 카카오는 350만 톤에 달하며, 이 중 70%는 서아프리카 저개발국에서 생산되고 있습니다. 180만 명의 아이들이 카카오 농장에서 일을 하고 있는데요. 이들 대부분이 아이디처럼 팔여 왔다고 합니다. 전 세계 카카오의 40%를 생산하는 코트디부아르에서는 약 11만 명의 아이들이 고통을 받고 있다고 합니다. 돈을 많이 벌게 해주겠다는 중개업자의 달콤한 꼬임에 넘어가거나 부모님의 권유로 일을 하러 온 아이들입니다. 이 아이들은 철저한 감시 속에서 아무런 교육도 받지 못하고, 하루 14시간에서 20시간에 이르는 위험한 노동만을 강요받고 있습니다. 가족과는 연락도 할 수 없기 때문에 고향의 가족들은 아이들에 대해 아무것도 아는 바가 없습니다. 중개업자의 잘 있다는 말 한마디를 철썩같이 믿고 있을 뿐입니다. 믿지 못해도 별 수가 없습니다. 다들 가난하고 배우지 못했기 때문입니다.

　어리석어서 중개업자의 거짓말을 믿는 것이 아니라 믿는 것밖에는 다른 방법이 없기 때문에 믿는 것입니다.

　카카오 농장에서 굶주림과 매질, 열악한 생활 환경, 과도한 노동 외에도 아이들은 수시로 뿌려지는 살충제 때문에 또 다른 위험에 처해 있습니다. 카카오 농장에서는 생산량을 늘리기 위해 많은 농약과 살충제

우리는 이 아이들의 손으로 딴 카카오 열매로 만든 초콜릿을 먹고 있습니다.

를 사용하고 있습니다. 이러한 살충제들은 기계가 아닌 사람의 손에 의해서 아무런 보호 장치도 없이 뿌려지고 있습니다. 그것도 어린 아이들의 손에 의해서 말입니다.

때문에 살충제 중독으로 죽어가는 아이들도 매년 늘어가고 있습니다. 당장 오늘은 아무렇지 않더라도 매일, 매달, 매년 조금씩 몸속에 축적되어 어느 날 아침 일어나지 못하게 되는 것입니다. 무서운 일이 아닐 수 없습니다.

코트디부아르의 카카오 열매를 사 가는 기업들은 이름만 대면 누구나 다 알만한 유럽이나 미국, 영국의 유명한 기업들입니다. 그런데 이 기업들은 하나같이 자신들은 전혀 몰랐던 일이라고 발뺌을 하고 있습니다. 1990년 영국에서 코트디부아르의 어린이들에 대해 보도가 된 이후, 국제 사회에서도 거대한 초콜릿 기업에 대해 뜨거운 비난을 퍼부었습니다. 이들은 과연 이 어린 아이들에 대하여 정말 아무것도 몰랐을까요?

코트디부아르 카카오 농장의 아이들을 구출하는 일을 돕는 구호 단체에서는 이렇게 말합니다. 카카오를 사가는 대기업들은 진작부터 코트디부아르에서 벌어지고 있는 범죄 행위에 대해 잘 알고 있었을 것이라고 말입니다. 알고 있었지만 자신들의 이익을 위해 모른 체했을 뿐이라고 말입니다. 임금도 주지 않고 노예처럼 아이들을 부린 덕분에 기업들은 더욱 싼 값에 초콜릿의 원료를 사갈 수 있었을 테니까요. 무섭고 끔찍한 일입니다.

얼마 전, 유니세프에서는 코트디부아르 아이들의 처참한 현실을 알리기 위해서라면 전 세계적으로 초콜릿 불매 운동을 벌여야 하지 않겠느냐는 제안을 한 적이 있습니다. 정말 '초콜릿 안 사먹기' 운동이라도 해야 이 기업들이 정신을 차릴 것 같습니다.

초콜릿의 원료인 카카오 가루는 원래 달콤한 맛보다는 쌉쌀한 맛이 더 강합니다. 달콤한 맛은 나중에 설탕과 우유가 더해지면서 생겨나는 것입니다. 앞으로 초콜릿을 먹을 일이 생기거든 설탕의 달콤함에 속지 말고 원래의 쌉쌀한 맛을 기억해 주었으면 좋겠습니다. 카카오의 쌉쌀한 맛은 코트디부아르에서 고통받는 아이들의 눈물이라는 사실을 기억해 주기 바랍니다.

스마트폰으로 QR코드를 찍어보세요.
착한 초콜릿, 공정무역에 대한 동영상을 볼 수 있습니다.

공정무역이란?

우리가 초콜릿을 1000원 주고 사먹는다고 했을 때, 카카오 재배 농가에게 돌아가는 돈은 약 20원에 불과합니다. 카카오 농장주들은 재배 원가를 낮추기 위해서 어린이들을 헐값에 고용합니다. 카카오 농장에서 일하는 어린이들은 대부분 인신매매나 가난한 부모들에 의해 팔려온 아이들입니다. 카카오 농장에서의 일은 무척 힘듭니다. 아침 일찍 일어나 밤 늦게까지 10m가 넘는 나무에 올라 카카오 열매를 따거나 아무런 보호 장비도 없이 농약을 뿌려야 합니다. 1990년대 들어 카카오 농장에서 벌어지고 있는 불법적인 아동 노동력 착취 사실이 알려졌고, 이들에게서 카카오를 헐값에 구입해서 초콜릿을 만들어 비싸게 되파는 다국적 기업에 대한 비난이 쏟아지기 시작했습니다.

이후 아프리카 카카오 농장에서 수확한 카카오나 그들이 만든 물건을 제값을 주고 구입하자는 운동이 전 세계적으로 펼쳐졌습니다. 이것이 바로 '공정무역' 운동입니다. 공정무역을 통해 만들어진 초콜릿을 '착한 초콜릿'이라고 합니다. 착한 초콜릿은 어린이 노동력을 착취하지 않고 정당한 대가를 주고 구입한 카카오 열매를 가지고 만든 초콜릿입니다.

카카오 열매의 생산부터 초콜릿으로 만들어지기까지 농약과 화학 비료 사용을 최소화하고 노동자에게 정당한 임금을 지급합니다. 그 결과 노동자들은 안정적인 수익을 얻을 수 있게 되었습니다.

초콜릿 판매를 통해 얻은 수익의 일부는 병원이나 학교를 짓는데 쓰이는 등 노동자들의 생활 환경 개선을 위해 쓰이고 있습니다. 덕분에 우리 친구들이 카카오 농장에서 힘든 일을 하는 것이 아니라 우리처럼 학교에서 공부할 수 있게 되었습니다.

공정무역을 통해서 만들어진 착한 초콜릿은 가격까지 착하지는 않습니다. 하지만 대기업에서 만들어 파는 초콜릿보다 약간 비싸지만 대신 건강하게 만들어졌습니다. 그리고 우리가 착한 초콜릿을 먹은 만큼 아프리카에 있는 친구들이 돈을 벌기 위해 일을 하는 것이 아닌 우리처럼 학교에서 공부를 할 수 있습니다. 앞으로 초콜릿이 먹고 싶을 때는 조금 비싸더라도 착한 초콜릿을 먹는 것은 어떨까요?

이제는 초콜릿을 살 때 공정무역 마크가 있는지 살펴 보도록 해요.

UN 아동권리협약에 나타난 아동의 권리

UN 아동권리협약은 전 세계적으로 가장 많은 지지를 받은 인권 조약입니다. UN 아동권리협약(Convention on the Rights of the Child)은 1989년 11월 20일 UN총회에서 채택된 국제적인 인권 조약으로 아동의 생존, 보호, 발달, 참여의 권리 등 어린이 인권과 관련된 모든 권리를 규정해 놓고 있습니다.

1. 생존의 권리
적절한 생활 수준을 누릴 권리.
안전한 주거지에서 살아갈 권리, 충분한 영양을 섭취하고 기본적인 보건 서비스를 받을 권리 등 기본적인 삶을 누리는 데 필요한 권리.

2. 보호의 권리
모든 형태의 학대와 방임, 차별, 폭력, 고문, 징집, 부당한 형사 처벌, 과도한 노동, 약물과 성폭력 등 어린이에게 유해한 것으로부터 보호 받을 권리.

3. 발달의 권리
잠재 능력을 최대한 발휘하는데 필요한 권리.
교육받을 권리, 여가를 즐길 권리, 문화 생활을 하고 정보를 얻을 권리 생각과 양심, 종교의 자유를 누릴 권리가 여기에 속합니다.

4. 참여의 권리
자신의 나라와 지역 사회 활동에 적극적으로 참가할 수 있는 권리.
자신의 의견을 표현하고, 자신의 삶에 영향을 주는 문제들에 대해 발언권을 지니며, 단체에 가입하거나 평화적 집회에 참여할 수 있는 자유를 뜻합니다.